大展好書　好書大展

品嘗好書　冠群可期

大展好書　好書大展
品嘗好書　冠群可期

少林功夫㉑

少林羅漢拳絕技 實戰卷

高翔　主編

大展出版社有限公司

前　言

　　羅漢拳開門何時，創自何人，已無從查考，但其一直被視爲少林寺的鎮寺之寶，在少林功夫中的地位極高，在武林中的名聲極大。

　　此拳影響最大的名家是「金羅漢」妙興和「江南第一腳」劉百川。妙興是河南嵩山少林寺的方丈，威震一方，其遺墨「羅漢拳秘訣」眞跡猶藏少林。劉百川是安徽武術家，勇冠武林，曾以「羅漢子母駕鴦連環腿」擊敗英國大力士，孫中山先生爲之親書「尚武精神」，嘉惠其英雄壯舉。

　　本書內容，由河南羅漢拳大師康復振老先生傳授，功技精妙、風格獨特，體系完整，自成一家。若推本溯源，祖歸嵩山少林，宗承妙興外傳，是羅漢拳的民間秘支。

　　康復振老先生，河南人，雖出身學界，而由文躋武，文武雙全，專攻羅漢拳，經年浸淫，功力深厚。康師不但無私獻寶，而且不顧高齡親自審閱文稿，並做了不少有益的增刪，令我非常感動。在此我代表羅漢拳挖整組向康師致以崇高的敬意！

羅漢拳挖整組組長兼主筆　高　翔

羅漢拳挖整小組名單

組長兼主筆：高　翔

顧　　問：高德福　康復振

組　　員：（排名次序不分先後）

高　峰　　高　飛　　徐　濤
景樂強　　謝靜超　　余　鶴
丁文力　　黃無限　　馬　飛
王長虹　　李貢群　　楊紅旗
趙愛民　　胡繼軍　　殷國傑

攝　　影：范建新

目　錄

第一章　長八手 …………………………………… 7

第二章　短八手 …………………………………… 33

第三章　明八腿 …………………………………… 61

第四章　暗八腿 …………………………………… 85

第五章　脆八打 …………………………………… 109

第六章　綿八打 …………………………………… 149

第七章　剛八打 …………………………………… 191

第八章　巧八打 …………………………………… 231

第 **1** 章

長八手

一、當頭箭

【招法單練】

1.箭鼻法

(1)開門勢預備。以左勢開門預備為例，下同。（圖1-1）

(2)左轉棱拳向前沖擊，拳心向下，拳眼向右，拳面向前，位高同鼻。（圖1-2）

圖1-1

圖1-2

2.箭眼法

(1)左門預備。

(2)左拳向前沖擊，拳心向下，拳眼向右，拳面向前，位高同眼。（圖1-3）

注：

1.在解說單練動作時，為便於說明和節省篇幅，皆以有準備的左勢開門預備為開始，所謂左勢指預備勢中的左手、左腿在前。

圖1-3

2.為了更利於實戰，學者在練習時就不必再拘泥開門的固定預備勢，要活學活練，可在掌握各動作精髓後，任選預備姿勢及各種樁步，操練出拳踢腿，以獲得隨勢出招的技擊能力。

【實戰舉例】

1.箭鼻法

(1)敵我對峙。以我方左勢開門對敵為例，下同。（圖1-4）

(2)我見機急進，用左拳快速沖擊敵鼻子。（圖1-5）

2.箭眼法

(1)左門對敵。（圖

圖1-4

1-6）

（2）我見機急進，用左拳快速沖擊敵眼睛。（圖1-7）

圖 1-5

圖 1-6

圖 1-7

注：

1.在解說實戰各招時，也以有準備的左勢開門對敵為例。

2.只要有利於攻防，在實戰技擊中，任何開門勢都可採用，不必死搬硬套，要能舉一反三。其實實戰時也常有突然交手的情況，應立即反應進入攻防狀態，則無對峙門戶可言。但其招法不變，學用時自請領悟。

【要點解析】

1.此招是前手順椿沖拳，利用距敵較近的前拳，搶奪先機，先發制人，其勁法在快與準。箭，快也。

2.此招長短皆宜，易發易收，出入便捷，所以常用在初戰時，先手如箭，當頭點擊，對敵突襲，敵稍慢即中。

3.此招是重擊的前奏。即使不中，也能滯敵來招，擾其視線，悖其頭位，亂其勢架，使其喪失主動權，然後伺機給予重創。

二、當頭炮

【招法單練】

1.炮臉法

(1)左門預備。（圖1-8）

(2)右拳向前沖擊，拳心向下，拳眼向左，拳面向前，位高同臉。（圖1-9）

圖1-8

2. 炮耳法

(1)左門預備。

(2)右拳向前沖擊，拳心向下，拳眼向左，拳面向前，位高同耳。（圖1-10）

【實戰舉例】

1. 炮臉法

(1)左門對敵。（圖1-11）

圖1-9

圖1-10

圖1-11

(2)我見機急進，用右拳猛力沖擊敵臉門。（圖 1–12）

2. 炮耳法

(1)左門對敵。（圖 1–13）

(2)我見機急進，用右拳猛力沖擊敵耳門。（圖 1–14）

圖 1–12

圖 1–13

圖 1–14

【要點解析】

1. 此招與上一招皆是打擊敵之頭部，武諺常講：「打人先打頭。」此乃技擊至理。頭部不但有要害部位，如眼球、鼻梁、雙耳、太陽穴等，一旦擊中，非同小可，輕則頭破血流，重能暈死。而且從人整體而言，頭部是總部，若受到打擊和壓制，眼睛看不見來招，拳腳找不到目標，勁節發不出力量，周身失勢，被動挨打。所以用拳對準敵方頭部，一而再，再而三，狂轟濫炸，是實戰的絕招。

2. 實戰搏擊時，敵方頭部變動較大，敵若正身則打其臉門，敵若側身則打其耳門，見機即上，不必拘泥。

3. 箭拳和炮拳，拳形相同，勁法不同，上一招注重快擊，此一招強調重擊；炮，重也。利用扭椿後拳，蓄力充足，整體爆發，能對敵造成極大的威脅力和殺傷力。

三、灌耳錘

【招法單練】

1. 前灌法

(1) 左門預備。

(2) 左拳向前裏擺擊，手臂適屈，拳眼向上，拳心向裏，拳面向右，位高同耳。（圖1-15）

2. 後灌法

(1) 左門預備。

圖 1-15

（2）右拳向前裏擺擊，手臂適屈，拳眼向上，拳心向裏，拳面向左，位高同耳。（圖1–16）

【實戰舉例】

1.前灌法

（1）左門對敵。（圖1–17）

（2）我見機急進，用左拳猛力擺擊敵耳門。（圖1–18）

圖1–16

圖1–17

圖1–18

3. 打肋法

(1)左門對敵。（圖 1-28）

(2)我見機急進，用左拳快速砸擊敵軟肋。（圖 1-29）

【要點解析】

1.「反面」不是單一的擊面，而是此拳用根節拳棱傷人，異於其他拳法的拳面用力。

2.此招與當頭箭皆屬快拳範疇，而此招主要適用於中短戰距，利用腕臂的彈抖，收發更為便利，一發即至，一收即無，犀利難測，極具突然性。

3.實戰時要充分配合步法的靈動以接近對方，或對近身之敵騷擾和迅擊，其攻擊部位主要是敵方的眼睛和鼻

圖 1-28

圖 1-29

子，或者襠部等，脆弱易傷。

4. 一旦得手，應跟蹤追擊，立加重手，把敵徹底摧毀。任何快擊都是重擊的前奏。

五、撩陰錘

【招法單練】

1. 前撩法

(1)左門預備。

(2)左拳向前上撩擊，拳心在上，拳眼在左，拳面在前，位高同襠。（圖1–30）

2. 後撩法

(1)左門預備。

(2)右拳向前上撩擊，拳心在上，拳眼在右，拳面在前，位高同襠。（圖1–31）

圖1–30

圖1–31

【實戰舉例】

1.前撩法

(1)左門對敵。（圖 1-32）

(2)我見機急進，左拳速出，猛力撩擊敵襠部。（圖 1-33）

圖 1-32

圖 1-33

2. 後撩法

(1)左門對敵。（圖1-34）

(2)我見機急進，右拳速出，猛力撩擊敵襠部。（圖1-35）

【要點解析】

1. 襠部之要，人所共知，即使是一個不會武功的人，甚至是小孩，打擊襠部就足以傷害一個壯男子，更何況是撩擊的重拳，所以，在武林中此招常被看成黑招，不遇極仇，萬勿輕用。

2. 此招除有極烈的殺傷力外，其拳走下路，所以不易察覺，隱蔽性強，得手率高，一旦用之，敵在劫難逃。

圖1-34

圖1-35

六、穿喉掌

【招法單練】

1. 正穿法

⑴左門預備。

⑵左柳葉掌向前穿擊，五指緊併，掌心向下，虎口向右，掌指向前，位高同喉。（圖1-36）

2. 反穿法

⑴左門預備。

⑵左掌向前穿擊，五指緊併，掌心向上，虎口向左，掌指向前，位高同喉。（圖1-37）

圖1-36

圖1-37

【實戰舉例】

1. 正穿法

(1)左門對敵。（圖1-38）

(2)我見機急進，左掌速出，猛力穿擊敵咽喉，掌心向下，掌指向前。（圖1-39）

圖1-38

圖1-39

2. 反穿法

(1)左門對敵。（圖1-40）

(2)我見機急進，左掌速出，猛力穿擊敵咽喉，掌心向上，掌指向前。（圖1-41）

【要點解析】

1.穿喉掌所用的是柳葉穿掌，是手法中攻擊距離最長者。

2.攻擊時要直接對位敵人咽喉，此處有氣管、食道，脆弱不堪，一旦擊中，喉傷危重。

3.此招常用前手穿刺，放之更長，擊之更遠，能遠距奔襲，給敵以迅猛、突然、難測的殺傷。

圖1-40

圖1-41

七、封眼掌

【招法單練】

1. 拍封法

(1)左門預備。

(2)左掌向前拍擊，掌指向上，掌心向前，虎口向右，位高同眼。（圖1-42）

2. 甩封法

(1)左門預備。

(2)左掌向前甩擊，掌指向上，掌背向前，虎口向左，位高同眼。（圖1-43）

圖 1-42

圖 1-43

【實戰舉例】

1. 拍封法

(1)左門對敵。（圖1-44）

(2)我見機急進，左掌速出，猛力拍擊敵眼部。（圖1-45）

圖1-44

圖1-45

2. 甩封法

(1)左門對敵。（圖1-46）

(2)我見機急進，左掌速出，猛力甩擊敵眼部。（圖1-47）

【要點解析】

1. 此招利用掌面和掌背遮蔽敵方視線和傷損敵方眼球，其技擊效用主要為連擊和重擊創機造勢，所以要快速連環，立加重手，不要脫斷。

2. 眼睛是人體的視覺器官，是實戰的「偵察兵」，一旦遭到封殺，如同盲人，雖有一身功夫，照樣挨打，任由宰割。

圖1-46

圖1-47

八、斬首掌

【招法單練】

1. 斬頸法

⑴左門預備。

⑵右掌向前裏砍擊，掌形稍斜，掌心斜上，掌背斜下，拳棱向裏，位高同頸。（圖1-48）

2. 斬耳法

⑴左門預備。

⑵右掌向前裏砍擊，掌形稍斜，掌心斜上，掌背斜下，拳棱向裏，位高同耳。（圖1-49）

3. 斬臉法

⑴左門預備。

⑵右掌向前正砍，掌心向左，虎口向上，拳棱向下，位高同臉。（圖1-50）

圖 1-48

圖 1-49

圖 1-50

【實戰舉例】

1. 斬頸法

(1)左門對敵。（圖1-51）

(2)我見機急進，右掌速出，猛力砍擊敵側頸。（圖1-52）

圖1-51

圖1-52

2. 斬耳法

(1)左門對敵。（圖1-53）

(2)我見機急進，右掌速出，猛力砍擊敵耳門。（圖1-54）

圖1-53

圖1-54

3.斬臉法

(1)左門對敵。（圖1–55）

(2)我見機急進，右掌速出，猛力砍擊敵臉門。（圖1–56）

【要點解析】

1.此招是柳葉掌之斬法，也叫刀掌。掌棱傷人，如快刀砍物，是掌法中最重者。

2.斬首掌主攻敵側頸，側頸位有頸靜脈和迷走神經，難以承受刀掌的猛利，一擊之下常能致人昏迷不醒。

3.斬首掌的攻擊部位較多，亦可斬敵咽喉；用法和變勢也較多，或立掌，或橫掌，或正掌，或反掌，都不必拘泥，總以擊中傷敵為原則。

圖1–55

圖1–56

第2章

短八手

一、天罡肘

【招法單練】

1. 搗肘法

(1)左門預備。

(2)左肘向前上搗擊，手臂裏屈，肘頭在前，位高同頭。（圖 2-1）

圖 2-1

2. 拐肘法

(1)左門預備。

(2)左肘向前上拐擊，手臂裏屈，肘頭在前，位高同頭。（圖 2-2）

圖 2-2

3. 挑肘法

(1)左門預備。

(2)左肘向上挑擊，手臂裏屈，肘頭在前，位高同頷。（圖 2-3）

【實戰舉例】

1. 搗肘法

(1)左門對敵。（圖 2-4）

(2)我見機急進，左肘速出，猛力搗擊敵臉門。（圖 2-5）

圖 2-3

圖 2-4

圖 2-5

2. 拐肘法

(1)左門對敵。（圖2-6）

(2)我見機急進，左肘速出，猛力拐擊敵耳門。（圖2-7）

圖2-6

圖2-7

3. 挑肘法

(1)左門對敵。（圖 2-8）

(2)我見機急進，左肘速出，猛力挑擊敵下巴。（圖 2-9）

【要點解析】

1.肘節不但堅硬有力，而且易於操縱，富於變化，是短招中的慣用技法，是近戰的重要武器。惟要配合好身步，調整好戰距，把握好時機，使用好勁法。

2.此招專門攻擊敵方頭部，極具威脅性和殺傷力，如耳門、嘴、鼻骨、太陽穴等，重肘一到，不堪一擊。

圖 2-8

圖 2-9

二、陰門膝

【招法單練】

1.傷陰法

(1)左門預備。

(2)左膝向上頂擊，膝尖在上，膝節裏屈，腳尖下垂，位高同襠。（圖2-10）

2.傷腿法

(1)左門預備。

(2)右膝向前頂擊，膝尖在上，膝節裏屈，腳尖下垂，位高同胯。（圖2-11）

圖2-10

圖2-11

【實戰舉例】

1. 傷陰法

(1)左門對敵。（圖 2-12）

(2)我見機急進，左膝速出，猛力頂擊敵襠部。（圖 2-13）

圖 2-12

圖 2-13

2.傷腿法

(1)左門對敵。（圖 2-14）

(2)我見機急進，右膝速出，猛力頂擊敵大腿。（圖 2-15）

【要點解析】

1.膝打是短招的重技，一是力量充足，殺傷強烈，猛力難擋；二是下門突襲，不易防範，隱蔽難測。

2.陰門膝主傷襠部，實戰時，突然撲近，順勢一膝，立致其身傷勢喪。

圖 2-14

圖 2-15

三、鐵　球

【招法單練】

1. 正擊法

(1)左門預備。

(2)出頭向前撞擊，頭頂在前，身體正向，面部在下。（圖2-16）

2. 側擊法

(1)左門預備。

(2)出頭向前撞擊，頭頂在前，身體側向，面部在裏。（圖2-17）

圖 2-16

【實戰舉例】

1. 正擊法

(1)左門對敵。（圖 2-18）

(2)我見機急進，快速正向用頭，猛力撞擊敵臉門。（圖2-19）

2. 側擊法

(1)左門對敵。（圖 2-20）

(2)我見機急進，快速側向用頭猛力撞擊敵臉門。（圖 2-21）

圖 2-17

圖 2-18

圖 2-19

圖 2-20

圖 2-21

【要點解析】

1.頭打猛烈有力,如同鐵球,若擊中敵方面門,立即臉破血流,重者昏暈。

2.頭打出形較短,要在敵我靠近時或控制敵後使用,其本身也較為整重,不易連變。所以頭打時一定要掌握好機會,若盲目用頭,一旦失招,易遭反擊,非常危險。

四、板 肩

【招法單練】

1.進中法

(1)左門預備。

(2)左腿前進一步,左肩平行向前撞擊。(圖 2-22)

2.對側法

(1)左門預備。

(2)左肩直接平行向前撞擊。(圖 2-23)

圖 2-22　　　　　　　　　圖 2-23

【實戰舉例】

1. 進中法

(1)左門對敵。（圖 2-24）

(2)我見機急進，左肩速出，猛力撞擊敵胸部。（圖 2-25）

圖 2-24

圖 2-25

2. 對側法

(1)左門對敵。（圖 2-26）

(2)我見機急進，左肩速出，猛力撞擊敵肩部。（圖 2-27）

【要點解析】

1.武諺講「肩打如板」。全身之重，一擁而上，對敵整體的衝撞力極大，能夠破壞敵重心的穩定，使其樁步失衡，周身搖晃，漏洞百出，重則可以把敵撞倒。

2.肩打用形較短，一定要配合好身法和步法，並在敵怠於防守時使用最佳。

3.肩打主要用作助攻，重在造勢，所以，要配合拳腳連打，乘機而入，跟蹤追擊。

圖 2-26

圖 2-27

五、翹尾巴

【招法單練】

1. 翹陰法
(1) 左門預備。
(2) 左胯向上翹擊。（圖 2-28）

2. 翹胯法
(1) 左門預備。
(2) 左胯向前翹擊。（圖 2-29）

【實戰舉例】

1. 翹陰法
(1) 左門對敵。（圖 2-30）

圖 2-28

圖 2-29

圖 2-30

(2)我見機急進，左胯速出，猛力翹擊敵襠部。（圖2-31）

2. 翹胯法

(1)左門對敵。（圖2-2）

(2)我見機急進，左胯速出，猛力翹擊敵前胯。（圖2-33）

圖2-31

圖2-32

圖2-33

【要點解析】

1.胯打是短招中之最短者，常用在雙方極度貼身時，並且作為助攻手段，要結合其他技法。

2.胯打主傷敵襠部，一是戰位適宜，二是襠部易傷。發力時要猝動突發，短促殺傷。

六、鉤子手

【招法單練】

1.掛腿法

(1)左門預備。

(2)左手向左下勾擊，臂節適屈，鉤尖向上，高在胯前。（圖2-34）

圖2-34

2.鑿眼法

(1)左門預備。

(2)右手鉤尖向前鑿擊，鉤尖向前，位高同眼。（圖2-35）

圖2-35

3. 頂頜法

(1)左門預備。

(2)左手鉤背向上頂擊，鉤背向上，鉤尖向下，位高同頜。（圖 2-36）

4. 砸鼻法

(1)左門預備。

(2)右手鉤背向前砸擊，鉤背向前，鉤尖向裏，位高同鼻。（圖 2-37）

5. 鏟耳法

(1)左門預備。

(2)右手鉤尖向裏鏟擊，鉤尖向左，鉤心向裏，位高同耳。（圖 2-38）

圖 2-36

圖 2-37

圖 2-38

【實戰舉例】

1. 掛腿法

(1) 左門對敵。（圖 2-39）

(2) 假敵用腿對我中盤踢來。（圖 2-40）

(3) 我急用左鉤子手，勾掛其腳腕，破開來招。（圖 2-41）

圖 2-39

圖 2-40

圖 2-41

2. 鑿眼法

(1) 左門對敵。（圖 2-42）

(2) 我見機急進，右鉤子手速出，用鉤尖猛力鑿擊敵眼睛。（圖 2-43）

3. 頂頜法

(1) 左門對敵。（圖 2-44）

圖 2-42

圖 2-43

圖 2-44

(2)我見機急進，左鉤
子手速出，用鉤背猛力頂
擊敵下巴。（圖2-45）

4. 砸鼻法

(1)左門對敵。（圖
2-46）

(2)我見機急進，左鉤
子手速出，用鉤背猛力砸
擊敵鼻子。（圖2-47）

圖 2-45

圖 2-46

圖 2-47

5. 錛耳法

(1)左門對敵。（圖 2-48）

(2)我見機急進，右鉤子手速出，用鉤尖猛力擺擊敵耳門。（圖 2-49）

【要點解析】

1. 此招用於防守時，在破解敵腿來勁後，並能加以控制，將其腿滯留腕上，難以收回。接腿後應立即提高臂位，儘量將其腿高高勾起，敵一腿高懸，身必後仰，其上盤諸勁節，如手、肘等就無法出招，喪失了反擊力；另外能加大對敵重心平衡的破壞，更利於我連擊。

2. 此招用於打擊時，技法非常奇特，並且收發便利，更有多種變勢，筆者舉了幾例典型打法，其他招法學者可以自行體悟。

圖 2-48

圖 2-49

七、提攔法

【招法單練】

1. 上提攔法
(1)左門預備。
(2)左前臂向上提起，肘節彎曲，位高過頭。（圖2-50）

2. 外提攔法
(1)左門預備。
(2)左前臂向外提起，肘節彎曲，位高過肩。（圖2-51）

圖2-50

圖2-51

【實戰舉例】

1. 上提攔法

(1) 左門對敵。（圖 2-52）

(2) 假敵向我中上盤打來，如上直拳。（圖 2-53）

(3) 我急用左前臂向上提攔，破開來招。（圖 2-54）

2. 外提攔法

(1) 左門對敵。（圖 2-55）

(2) 假敵向我中上盤

圖 2-52

圖 2-53

圖 2-54

打來。如上擺拳。（圖
2-56）

　　(3) 我急用左前臂向
外提攔，破開來招。（圖
2-57）

【要點解析】

　　1. 此招是羅漢拳最重
要的防守法，用前臂的提
撐之力，以橫破直，遲滯
來勢，卸化來勁，擋開來
節。

　　2. 用臂幅度要適中，
動作要敏捷準確，勁幅過
大，不利於快速反擊。若
敵勢大，可配合移樁、閃
身或退步。

圖 2-55

圖 2-56

圖 2-57

八、搬攔法

【招法單練】

1.下搬攔法

(1)左門預備。

(2)左前臂向下砸落，肘節彎曲，前臂橫平，手部在裏。（圖2-58）

2.裏搬攔法

(1)左門預備。

(2)左前臂向裏攔格，肘節彎曲，前臂豎直，手部在上。（圖2-9）

圖2-58

圖2-59

【實戰舉例】

1. 下搬攔法

(1)左門對敵。（圖2-60）

(2)假敵向我中下盤打
來。（圖2-61）

(3)我急用左前臂向下
搬攔，破開來招。（圖
2-62）

圖 2-60

圖 2-61

圖 2-62

2. 裏搬攔法

(1)左門對敵。（圖 2-63）

(2)假敵向我中下盤打來。（圖 2-64）

圖 2-63

圖 2-64

(3)我急用左前臂向裏搬攔，破開來招。（圖 2-65）

【要點解析】

1.此招也是主要防守法。用前臂壓或撥敵來節（來臂或來腿），向下順應重力，向裏以橫破直，非常省勁，操縱便利，易於使用。

2.上一招是破解對我的上、中盤的進攻，此招主要對付下、中盤的攻擊。「提攔法」和「搬攔法」都是舊稱，不必深究，知技即可。

3.技擊以勝人為終極目的，要想勝敵，必須進攻，所以，不能單純地防守，要「防則為攻，一防即攻」。

圖 2-65

第 **3** 章
明八腿

一、踩山腿

【招法單練】

1. 中踩法

(1)左門預備。

(2)身體右側，左腿向前中位踩擊，腳腕勾起，腳尖向右，腳跟向前。（圖3-1）

圖 3-1

2. 高踩法

(1)左門預備。

(2)身體左側，右腿向前高位踩擊，腳腕勾起，腳尖向左，腳跟向前。（圖3-2）

圖 3-2

【實戰舉例】

1. 中踩法

(1)左門對敵。（圖3-3）

(2)我見機左腿速出，猛力踩擊敵中部。（圖3-4）

2. 高踩法

(1)左門對敵。（圖3-5）

(2)我見機右腿速出，猛力踩擊敵頭部。（圖3-6）

圖3-3

圖3-4

3. 一般蹬其胯、腹位，易於倒地，見隙一蹬，一腳蹬趴，我立勝當場。即使不倒，敵必身形晃動，重心不穩，乃可打之機，伺機連擊，必能重創對手。

三、抽鞭腿

【招法單練】

1. 中抽法

(1)左門預備。

(2)右腿向前裏中位掃擊，腳腕伸開，腳尖向裏，全腿舒展。（圖3-13）

2. 高抽法

(1)左門預備。

(2)右腿向前裏高位掃擊，腳腕伸開，腳尖向裏，全腿舒展。（圖3-14）

圖3-13

圖3-14

【實戰舉例】

1. 中抽法

(1)左門對敵。（圖3-15）

(2)我見機右腿速出，猛力正掃敵中部。（圖3-16）

圖 3-15

圖 3-16

2. 高抽法

(1)左門對敵。（圖3-17）

(2)我見機右腿速出，猛力正掃擊敵頭部。（圖3-18）

【要點解析】

1.前兩種腿法是屈伸直腿法，而此腿是側掃法，整腿送出，控制面較大，攻擊範圍廣，敵整個側翼都可在此腿的攻擊範圍之中，屬於長距離強攻腿法，主要破壞敵重心，創造有利戰勢。

2.此招踢擊時，擰腰轉髖，強勁有力，但動形較大，要注意自身重心的穩定性，防止失衡。

圖3-17

圖3-18

四、甩鞭腿

【招法單練】

1.前甩法

(1)左門預備。

(2)左腿向前外掃擊，腳腕伸開，腳尖向前，腳跟向外，全腿舒展。（圖3-19）

2.後甩法

(1)左門預備。

(2)右腿向後外掃擊，腳腕伸開，腳尖向前，腳跟向外，全腿舒展。（圖3-20）

圖3-19

圖3-20

【實戰舉例】

1. 前甩法

(1)左門對敵。（圖 3-21）

(2)我見機左腿速出，猛力反掃敵身體。（圖 3-22）

圖 3-21

圖 3-22

2. 後甩法

(1)左門對敵。（圖 3-23）

(2)我見機右腿速出，猛力反掃敵身體。（圖 3-24）

【要點解析】

1. 此招與抽鞭腿要點相同，惟此腿發力時向後轉身，一向前發，一向後踢，屬一反一正。

2. 兩腿常連環使用，一是正好順勢，蓄發便利；二若一腿走空，另一腿補救，不給敵喘息之機。

圖 3-23

圖 3-24

五、掛叉腿

【招法單練】

1. 低掛法

(1)左門預備。

(2)右腿向前正上掃擊，腳腕伸開，腳尖向前，全腿舒展，位高同襠。（圖 3-25）

2. 高掛法

(1)左門預備。

(2)右腿向前正上掃擊，腳腕伸開，腳尖向前，全腿舒展，位高同頭。（圖 3-26）

圖 3-25

圖 3-26

【實戰舉例】

1. 低掛法

(1)左門對敵。（圖 3-27）

(2)我見機右腿速出，猛力向上掃擊敵襠部。（圖 3-28）

2. 高掛法

(1)左門對敵。（圖 3-29）

(2)我見機右腿速出，猛力向上掃擊敵臉門。（圖 3-30）

【要點解析】

1. 上兩招是側掃腿，從外向裏用力，而此招是正掃腿，從下向上用力。

2. 低掛法有四絕：一是力量大，勢法猛，所以難擋；二是踢幅大，攻擊範圍廣，攻擊距離長，所以難躲；三是從下踢出，出形隱蔽，所以難測；四是專門踢襠，中則致命，所以難逃。

3. 高掛法是一個特例，必須在敵方低頭時，方能從下向上踢中臉門。

圖 3-27

圖 3-28

圖 3-29

圖 3-30

六、釘子腿

【招法單練】

1. 中釘法

(1)左門預備。

(2)右腿正向前方中位彈擊，腳面繃直，腳跟向下，腳尖向前。（圖3-31）

2. 高釘法

(1)左門預備。

(2)右腿正向上方高位彈擊，腳面繃直，腳跟向下，腳尖向上。（圖3-32）

圖3-31

圖3-32

【實戰舉例】

1. 中釘法

(1)左門對敵。（圖 3-33）

(2)我見機右腿速出，猛力向前彈踢敵中部。（圖 3-34）

圖 3-33

圖 3-34

2. 高釘法

(1)左門對敵。（圖3-35）

(2)我見機右腿速出，猛力向前彈踢敵頭部。（圖3-36）

【要點解析】

1.彈腿乃腿中最快者，腳尖傷人，易於操縱，收放隨活，犀利難測。

2.彈腿腳尖用力，穿透力強，滲透力高，精確性高，能鑽人空檔，傷人要穴。一旦擊中，必如釘子楔入，故名「釘子腿」。

3.此招屬彈腿正勢，中距離使用，身正直踢，搶攻順勢，最為方便。

圖 3-35

圖 3-36

七、鏢　腿

【招法單練】

1. 中鏢法

(1)左門預備。

(2)身體左側，右腿向前中位彈擊，腳面繃直，腳面向左，腳尖向前。（圖3-37）

2. 高鏢法

(1)左門預備。

(2)身體左側，右腿向前高位彈擊，腳面繃直，腳面向左，腳尖向前。（圖3-38）

圖 3-37

圖 3-38

【實戰舉例】

1. 中鏢法

(1)左門對敵。（圖3-39）

(2)我見機右腿速出，猛力側向彈踢敵中部。（圖3-40）

圖3-39

圖3-40

2.高鏢法

(1)左門對敵。（圖3-41）

(2)我見機右腿速出，猛力側向彈踢敵頭部。（圖3-42）

【要點解析】

1. 此招是彈腿側勢，即在彈腿時側身出腿，攻擊距長，並利用踢時轉身撐腰，增加了彈腿力度。

2. 側彈和正彈相異的是，動幅大而穩定性高，穿透力弱而點擊性強，如飛鏢一般，講究精確度。

圖3-41

圖3-42

八、凌空飛踩

【招法單練】

1. 踢傷法

(1)左門預備。

(2)向左轉身，同時跳起，空中右腿高位踩擊，腳腕勾屈，腳尖向左，腳跟向前。（圖3-43）

2. 踢倒法

(1)左門預備。

(2)向前飛步，同時起左腿低位踩擊，腳腕勾屈，腳尖向右，腳跟向前。（圖3-44）

圖3-43

圖3-44

【實戰舉例】

1. 踢傷法

(1) 敵我對峙。（圖 3-45）

(2) 我見機身體跳起，空中發右腿，猛力踩踢敵要害。（圖 3-46）

2. 踢倒法

(1) 敵我對峙。（圖 3-47）

圖 3-45

圖 3-46

圖 3-47

圖 3-48

(2)我見機向前跳步，同時左腿飛起，猛力跺踢敵腰胯。（圖3-48）

【要點解析】

1. 此招是跺山腿飛身踢法，屬另類強攻型腿法。

2. 此腿乃腿法之最重者，既猛又快，利用跳步飛身之勢，搶奪主動權，搶取有利位置，增強衝擊力，提高殺傷度。

3. 此招在踢腿的過程中已跳步進身，既完成了攻擊進距，又增加了踢腿的衝擊力，步腿協調，一動即到，常令敵措手不及。

4. 此招有兩種變勢，要想傷敵，則踢要害；要想倒敵，則踢腰胯。學者可以體會一下。

第 4 章

暗八腿

一、鏟子腿

【招法單練】

1. 踢脛法

(1)左門預備。

(2)左腿向前下鏟擊，腳腕勾起，腳尖向右，腳心向下，腳棱向前，位高同脛。（圖4-1）

圖 4-1

2. 踢膝法

(1)左門預備。

(2)左腿向前下鏟擊，腳腕勾起，腳尖向右，腳心向下，腳棱向前，位高同膝。（圖4-2）

圖 4-2

【實戰舉例】

1. 踢脛法

(1)左門對敵。（圖4-3）

(2)我見機左腿速出，猛力鑔踢敵脛骨。（圖4-4）

圖4-3

圖4-4

2.踢膝法

(1)左門對敵。（圖 4-5）

(2)我見機左腿速出，猛力鏟踢敵膝節。（圖 4-6）

【要點解析】

1.此招腳掌平臥，形狀如鏟，以腳棱傷人，主要針對敵腿。控制面大，不易走空，且踢位低，不易被防，屬於羅漢拳常用的暗腿要招。

2.鏟踢腿節，輕則致傷，人腿一傷，無法進退，空有一身功夫，也只能被動挨打；若重者腿可立斷，一招致殘。

圖 4-5

圖 4-6

二、尖子腿

【招法單練】

1. 踢陰法

(1)左門預備。

(2)右腿向前彈擊，腳面繃直，腳心向下，腳尖向前，位高同襠。（圖4-7）

2. 踢脛法

(1)左門預備。

圖4-7

(2)左腿向前下彈擊，腳面繃直，腳心向下，腳尖向前，位高同脛。（圖4-8）

3. 踢膝法

(1)左門預備。

(2)右腿向前下彈擊，腳面繃直，腳心向下，腳尖向前，位高同膝。（圖4-9）

圖4-8

圖4-9

【實戰舉例】

1. 踢陰法

(1) 左門對敵。
（圖 4-10）

(2) 我見機右腿
速出，猛力彈踢敵襠
部。（圖 4-11）

2. 踢脛法

(1) 左門對敵。
（圖 4-12）

圖 4-10

圖 4-11

圖 4-12

(2)我見機左腿速出，猛力彈踢敵迎面骨。（圖 4-13）

3. 踢膝法

(1)左門對敵。（圖 4-14）

(2)我見機右腿速出，猛力彈踢敵膝節。（圖 4-15）

圖 4-13

圖 4-14

圖 4-15

注：

1.單從勁法上講，尖子腿其實就是釘子腿的低踢法，特此說明。

2.在羅漢拳中，康師解釋：中腿和高腿叫做明腿，明腿踢擊中上盤；低踢叫做暗腿，暗腿踢擊襠部以下，包括襠部。有時候會有不同的招名，學者請注意這一點。

【要點解析】

1.此招中的踢陰法，非常厲害，利用彈勁，放長擊遠，直接突入，一觸即傷。

2.此招也能踢擊敵腿，尤其是迎面骨，此骨脆弱易折，輕觸即劇痛難忍，重可致敵腿斷。

3.此招動形極小，踢位較低，一來出腿方便，寸勁崩擊，抬腿即踢，一踢即落，落後又踢，連變自如，攻勢凌厲；二必隱蔽難測，敵防守不易，不知不覺之中，已被踢傷。

三、裙裏腿

【招法單練】

1. 前踢法

(1)左門預備。

(2) 左腿向前上撩擊，膝節適度彎曲，腳腕勾起，腳尖向上，位高同襠。（圖4-16）

圖4-16

2. 後踢法

(1)左門預備。

(2)右腿向前上撩擊，膝節適度彎曲，腳腕勾起，腳尖向上，位高同襠。（圖4–17）

【實戰舉例】

1. 前踢法

(1)左門對敵。（圖4–18）

(2)我見機左腿速出，猛力撩踢敵襠部。（圖4–19）

圖4–17

圖4–18

圖4–19

2. 後踢法

(1)左門對敵。（圖4-20）

(2)我見機右腿速出，猛力撩踢敵襠部。（圖4-21）

【要點解析】

1.此招踢法彎而不直，猶如穿裙子出腿，又如被窩裏踢腿，又名「被窩腿」。

2.裙裏腿僅利用小腿的提擺，產生撩掃力，其腿膝節踢時的彎曲，決定了踢距的長短和踢位的高低，則此腿是一種短腿法，在中、短戰距時使用，並主攻敵襠部。

圖4-20

圖4-21

3.此腿出形的特別，一要注意發腿的力度，要常練以能踢出殺傷力，為了加力，要用後腿踢；二要對位，以襠部為主為重，此處能產生高效。其本身優點：一是出人意料，如果是前腿撩陰，更具突然性；二是動形小，不易被敵捕獲。

四、夯　腳

【招法單練】

1. 主攻法

(1)左門預備。

(2)身向左轉，右腳向前方地下跺擊，腳腕勾起，腳尖向左，腳跟向下。（圖4-22）

2. 助攻法

(1)左門預備。

(2)左腿向前進步，然後身向左轉，右腳向前方地下跺擊，腳腕勾起，腳尖向左，腳跟向下。（圖4-23）

圖4-22　　　　　　　　　　圖4-23

【實戰舉例】

1. 主攻法

(1)左門對敵。（圖4-24）

(2)我見機右腿速出，猛力向下跺擊敵腳面或腳趾。
（圖4-25）

圖4-24

圖4-25

2. 助攻法

(1)左門對敵。（圖 4-26）

(2)我先致敵倒地，然後快速跟上，右腿猛力向下跺擊敵身體。（圖 4-27）

【要點解析】

1.此招主攻時，專門傷害敵腳趾及腳掌。向下跺腳，如蓋房打夯，全身之力貫注一處（腳跟），一旦擊中，輕則疼徹心脾，進退不能，重則趾殘腳裂。

2.此招主要用於貼身近戰中，或先佯攻敵上門，或先抓控敵上節，或雙方撕扯、僵持時，瞅準時機，突然襲擊，向下猛力一震，冷動難覺，極易得手。

圖 4-26

圖 4-27

3.此招的助攻法，專制倒地者。「尖子腿」也可如此
參照運用。

五、鉤子腿

【招法單練】

1.勾前法

(1)左門預備。

(2)身向右轉，左腿向前勾踢，腳腕勾起，腳尖向右，
位高同脛。（圖4-28）

2.勾後法

(1)左門預備。

(2)身向左轉，右腿向前勾踢，腳腕勾起，腳尖向左，
位高同膝。（圖4-29）

圖4-28

圖4-29

【實戰舉例】

1. 勾前法

(1)左門對敵。（圖4-30）

(2)我見機左腿速出，猛力勾踢敵小腿脛骨。（圖4-31）

2. 勾後法

(1)左門對敵。（圖4-32）

(2)我見機右腿速出，猛力勾踢敵腿彎。（圖4-33）

圖4-30

圖4-31

【要點解析】

1. 此招踢擊時，腳腕勾起，勾掛敵腿，效用如鉤，是專門的破樁腿法，中距離使用，主要致敵重心失衡，摔倒跌趴。

2. 此招運用時，若使敵後躺，則踢其膝後彎；若欲使敵前栽，則踢其脛骨。但一般不單踢，而多以上盤手法配合，如勾踢時再用拉拽爪法，或用斬首掌，或用反面錘等，以形成上下合力，更易倒人。

圖 4-32

圖 4-33

六、掃地腿

【招法單練】

1. 正掃法

(1)左門預備。

圖 4-34

(2)身向左大幅擰轉，左腿下蹲，右腿貼地向前裏掃踢，腳腕伸開，腳尖在前，全腿舒展。（圖4-34）

2. 倒掃法

(1)左門預備。

(2)身向右大幅擰轉，左腿下蹲，右腿貼地向後裏掃踢，腳腕伸開，腳尖在前，全腿舒展。（圖4-35）

圖 4-35

【實戰舉例】

1. 正掃法

(1) 左門對敵。（圖4-36）

(2)我見機右腿速出，猛力正掃敵腳跟。（圖4-37）

圖 4-36

2. 倒掃法

(1)左門對敵。（圖4-38）

(2)我見機右腿速出，猛力倒掃敵腳跟。（圖4-39）

【要點解析】

1.此招也是一種破樁腿法，專門掃刮敵後腳跟，致敵躺倒。

2.此招不易輕用，一是沒有深厚的排打功夫，不但掃不倒敵方，而且最易碰傷自己

圖4-37

圖4-39

圖4-38

的腿骨，二則此招身勢最低，動形較大，不易連變，一旦失誤，極其被動。所以，一定要有較強的功力，並要掌握好時機，如敵出腿後單腿獨立；或注意力忽略下盤；或敵受擊後站立不穩時，方宜用之。

七、堵門腿

【招法單練】

1. 蹬堵法

(1)左門預備。

(2)左腿向前下蹬踢，身體正向，膝節適屈，腳腕勾起，腳尖向前，腳跟向下，位高同膝。（圖4-40）

圖4-40

2. 跺堵法

(1)左門預備。

(2)身體右轉，左腿向前下跺踢，膝節適屈，腳腕勾起，腳尖向右，腳跟向下，位高同膝。（圖4-41）

【實戰舉例】

1. 蹬堵法

(1)左門對敵。（圖4-42）

(2)假敵起腿剛向我踢

圖4-41

來。（圖4-43）

　　(3)我急出腿蹬在其腿上，不讓其踢開。（圖4-44）

圖4-42

圖4-43

圖4-44

2. 跺堵法

(1)左門對敵。（圖4-45）

(2)假敵剛起腿向我踢來。（圖4-46）

(3)我急出腿跺在其腿上，不讓其踢開。（圖4-47）

【要點解析】

1. 蹬腿正身發力，跺腿側身發力。

2. 此招以腿防腿，既是一種防守法，同時也是一種反擊法，能夠連帶傷其膝節或腿骨。

3. 此法要點在於後發

圖4-45

圖4-46

圖4-47

先至。敵踢腿初起，以腿堵之，若其踢開，則費力難擋，堵截時以敵中節為主，或小腿或膝節。

八、化攔腿

【招法單練】

1. 外化攔法
(1)左門預備。
(2)左小腿向前外側擺，腳尖裏勾，膝節適屈。（圖4-48）

2. 裏化攔法
(1)左門預備。
(2)左小腿向前裏側擺，腳尖裏勾，膝節適屈。（圖4-49）

圖4-48

圖4-49

【實戰舉例】

1. 外化攔法

(1)左門對敵。（圖 4-50）

(2)假敵用腿向我中下盤踢來。（圖 4-51）

圖 4-50

圖 4-51

(3)我則急用前小腿向外格擋，以化解來勁。（圖 4-52）

2. 裏化攔法

(1)左門對敵。（圖 4-53）

圖 4-52

圖 4-53

（2）假敵用腿向我中下盤踢來。（圖4-54）

（3）我則急用前小腿向裏格擋，以化解來勁。（圖4-55）

【要點解析】

1. 此招以腿防腿，實戰中運用非常多，不但可以及時攔化來腿，而且可以隨即封閉下盤。

2. 用力不可過猛，向外運腿幅度不可過大，防止引起樁步不穩。一旦防住，不待其變，應立即反擊，其時敵踢腿未落，很難速變，打之易中。

圖 4-54

圖 4-55

第 **5** 章

脆ㄟ打

一、流星錘

【招法單練】

1.反面錘砸臉單連法

(1)左門預備。

(2)左拳反面錘向前上砸出，位高同臉。（圖5-1）

(3)連動不停。左拳一收再出反面錘，前上砸擊，位高同臉。（圖5-2）

圖 5-1　　　　　　　　　　圖 5-2

2. 反面錘砸臉砸陰單連法

(1)左門預備。

(2)左拳反面錘向前上砸出，位高同臉。（圖5-3）

(3)連動不停。左拳一收再出反面錘，向前下砸擊，位高同襠。（圖5-4）

3. 當頭箭單連法

(1)左門預備。

(2)左拳當頭箭向前上沖出，高在頭位。（圖5-5）

圖 5-3

圖 5-4

圖 5-5

(3)連動不停。左拳一收再出當頭箭,前上沖擊,位高同頭。(圖5-6)

4. 當頭箭反面錘單連法

(1)左門預備。

(2)左拳當頭箭向前上沖出,位高同頭。(圖5-7)

(3)連動不停。左拳一收再變為反面錘,前下砸擊,位高同襠。(圖5-8)

圖5-6

圖5-7

圖5-8

【實戰舉例】

1. 反面錘砸臉單連法

(1)左門對敵。（圖 5-9）

(2)我見機急進，先發左手反面錘，打敵臉門。（圖 5-10）

(3)跟蹤追擊，左手速變反面錘，連打敵臉門。（圖 5-11）

圖 5-9

圖 5-10

圖 5-11

2. 反面錘砸臉砸陰單連法

(1)左門對敵。（圖5-12）

(2)我見機急進，先發左手反面錘，打敵臉門。（圖5-13）

(3)跟蹤追擊，左手速變反面錘，連打敵襠部。（圖5-14）

圖5-12

圖5-13

圖5-14

3. 當頭箭單連法

(1)左門對敵。（圖5-15）

(2)我見機急進，先發左手當頭箭，打敵臉門。（圖5-16）

(3)跟蹤追擊，左手再發當頭箭，連打敵臉門。（圖5-17）

圖5-15

圖5-16

圖5-17

4. 當頭箭反面錘單連法

(1)左門對敵。（圖5-18）

(2)我見機急進，先發左手當頭箭，打敵臉門。（圖5-19）

(3)跟蹤追擊，左手速變反面錘，連打敵襠部。（圖5-20）

圖5-18

圖5-19

圖5-20

【要點解析】

1.羅漢拳講究「手似流星」,要求以快制慢,「招無不破,惟快不破」,快則無敵,這就是脆打法的原理。在此舉了幾個常用的快拳戰例,其他類似打法讀者自行體悟。

2.單手連打叫做「單連法」。單節發力,不需換手,節省了蓄勁的時間,更使得快中更快,再加上攻擊部位的瞬間變化,忽上忽下,難測難防,運用好了,常能起到快速突擊的效果。

二、醉步錘

【招法單練】

1.醉步當頭箭

(1)左門預備。

(2)兩腿向前連環進步。(圖5-21)

(3)同時左拳打出當頭箭,位高同頭。(圖5-22)

圖5-21

圖5-22

2. 醉步當頭炮

(1)左門預備。

(2)兩腿向前連環進步。（圖5-23）

(3)同時右拳打出當頭炮，位高同頭。（圖5-24）

3. 醉步反面錘

(1)左門預備。

(2)兩腿向前連環進步。（圖5-25）

圖 5-23

圖 5-24

圖 5-25

(3)同時左拳打出反面錘，位高同頭。（圖5-26）

4. 醉步流星錘

(1)左門預備。

(2)兩腿向前連環進步，同時左拳打出當頭箭，位高同頭。（圖5-27）

(3)兩腿繼續向前連環進步，左拳繼續打出當頭箭，高在頭位。（圖5-28）

圖5-26

圖5-27

圖5-28

【實戰舉例】

1. 醉步當頭箭

(1)左門對敵。（圖5-29）

(2)我見機急進，先用醉步法，貼近和跟緊敵方。（圖5-30）

(3)急發左手當頭箭，打敵頭部。（圖5-31）

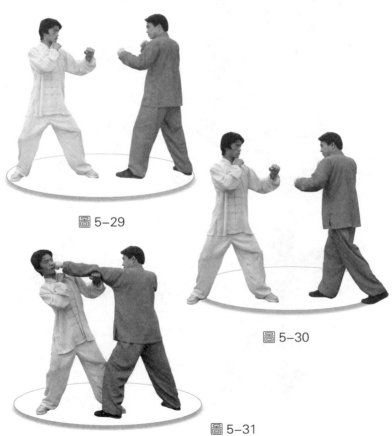

圖5-29

圖5-30

圖5-31

2. 醉步當頭炮

(1)左門對敵。（圖5-32）

(2)我見機急進，先用醉步法貼近和跟緊敵方。（圖5-33）

(3)急發右手當頭炮，打敵頭部。（圖5-34）

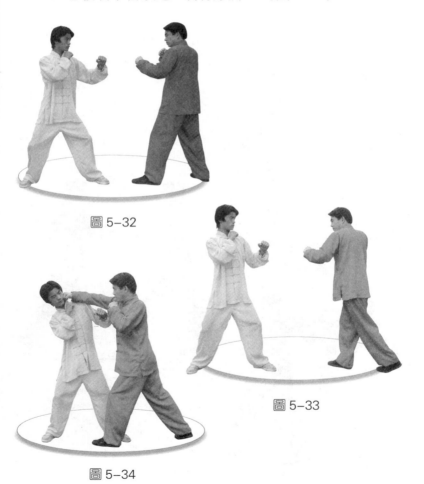

圖 5-32

圖 5-33

圖 5-34

3. 醉步反面錘

(1)左門對敵。（圖5-35）

(2)我見機急進，先用醉步法貼近和跟緊敵方。（圖5-36）

(3)急發左手反面錘，打敵頭部。（圖5-37）

圖5-35

圖5-36

圖5-37

4. 醉步流星錘

(1)左門對敵，我見機急進，先用醉步法貼近和跟緊敵方。（圖5-38）

(2)急發左手當頭箭，打敵頭部。（圖5-39）

(3)敵若躲避，再用步法跟蹤，連發左手當頭箭，打敵頭部。（圖5-40）

圖5-38

圖5-39

圖5-40

【要點解析】

1.此招真義是用連環多變的步法結合拳法快速準確地進攻敵方。步快拳也快，步連拳也連，高速靈動，擊敵措手不及。

2.所謂「醉步」，指步法的連動，而不是單指一種步法。各種步法混合運用，「腳似醉漢」，有法無形，連環無盡。所以，學者練習的時候不要僅僅套搬，而要理解此招的真義所在。

三、鴛鴦尖

【招法單練】

1.踢陰鴛鴦法

(1)左門預備。

(2)右腿踢出尖子腿，位高同襠。（圖 5-41）

(3)連動不停，左腿踢出尖子腿，位高同襠。（圖 5-42）

圖 5-41　　　　　　圖 5-42

2. 踢脛鴛鴦法

(1)左門預備。

(2)左腿踢出尖子腿，位高同脛。（圖5－43）

(3)連動不停。右腿踢出尖子腿，位高同脛。（圖5－44）

3. 踢膝鴛鴦法

(1)左門預備。

(2)左腿踢出尖子腿，位高同膝。（圖5－45）

(3)連動不停。右腿踢出尖子腿，位高同膝。（圖5－46）

圖5－43

圖5－44

圖5－45

圖5－46

【實戰舉例】

1. 踢陰鴛鴦法

(1)左門對敵。（圖5-47）

(2)我見機急進，先發右勢尖子腿，踢敵襠部。（圖5-48）

(3)跟蹤追擊，再發左勢尖子腿，連踢敵襠部。（圖5-49）

圖 5-47

圖 5-48

圖 5-49

2. 踢脛鴛鴦法

(1)左門對敵。（圖 5-50）

(2)我見機急進，先發左勢尖子腿，踢敵脛骨。（圖 5-51）

(3)跟蹤追擊，再發右勢尖子腿，連踢敵脛骨。（圖 5-52）

圖 5-50

圖 5-51

圖 5-52

3. 踢膝鴛鴦法

(1) 左門對敵。（圖 5-53）

(2) 我見機急進，先發左勢尖子腿，踢敵膝節。（圖 5-54）

(3) 跟蹤追擊，再發右勢尖子腿，連踢敵膝節。（圖 5-55）

圖 5-53

圖 5-54

圖 5-55

【要點解析】

1. 此招是脆快腿法，利用尖子腿連環踢擊敵腿，腿不單踢，一出成雙。

2. 前面講過尖子腿專傷下盤，踢勢極低，不易察覺，蓄發靈便，速度極快，而且要想防守尖子腿，除躲閃外別無良法，再者又是鴛鴦法，躲一難躲二。

3. 實戰時用此法，見機即踢，一踢即落，一落即踢，接連不斷地襲擾，森森逼人，常把敵搞得手忙腳亂，漏洞百出，極有妙用。

4. 脛骨俗稱「迎面骨」。

圖 5-56

四、子母釘

【招法單練】

1. 釘肋子母法

(1)左門預備。

(2)左腿踢出釘子腿，位高同肋。（圖 5-56）

(3)連動不停。右腿踢出釘子腿，位高同肋。（圖 5-57）

圖 5-57

2. 釘心釘臉法

(1)左門預備。

(2)左腿踢出釘子腿，位高同心。（圖5-58）

(3)連動不停。右腿踢出釘子腿，位高同臉。（圖5-59）

圖 5-58

圖 5-59

【實戰舉例】

1. 釘肋子母法

(1)左門對敵。（圖5-60）

圖 5-60

（2）我見機急進，先發左勢釘子腿，踢敵軟肋。（圖5-61）

（3）跟蹤追擊，再發右勢釘子腿，連踢敵軟肋。（圖5-62）

2. 釘心釘臉法

（1）左門對敵。（圖5-63）

圖 5-61

圖 5-62

圖 5-63

圖 5-64

　　(2)我見機急進，先
發左勢釘子腿，踢敵心
窩。（圖5-64）

　　(3)跟蹤追擊，再發
右勢釘子腿，連踢敵臉
門。（圖5-65）

【要點解析】

　　1.此招是利用正勢
彈腿，前後連環對敵

圖 5-65

中、上部要害快速踢擊。踢擊時不但要快，而且要猛，更
要準，方能達到擊之必傷的效果。

　　2.彈腿精確度高，穿透力強，再加上成雙成對，犀利
難測，極具威脅，搶攻奪勢，可一舉佔先。

五、二起腳

【招法單練】

1. 釘脛二起法

(1)左門預備。

(2)左腿踢出釘子腿，位高同脛。（圖5-66）

(3)連動不停。右腿借勢跳起，空中踢出釘子腿。（圖5-67）

2. 釘陰二起法

(1)左門預備。

(2)左腿踢出釘子腿，位高同襠。（圖5-68）

(3)連動不停。右腿借勢跳起，空中踢出釘子腿。（圖5-69）

圖 5-66

圖 5-67

圖 5-68

圖 5-69

【實戰舉例】

1. 釘脛二起法

(1)左門對敵。（圖 5-70）

圖 5-70

(2)我見機急進，先發左勢釘子腿，踢敵脛骨。（圖5-71）

(3)跟蹤追擊，空中再發右勢釘子腿，連踢敵中、上部。（圖5-72）

2.釘陰二起法

(1)左門對敵。（圖5-73）

圖 5-71

圖 5-72

圖 5-73

圖 5-74

圖 5-75

(2)我見機急進，先發左勢釘子腿，踢敵襠部。（圖 5-74）

(3)跟蹤追擊，空中再發右勢釘子腿，連踢敵中、上部。（圖 5-75）

【要點解析】

1.此招也叫「二起釘」，是正勢彈腿連環踢擊的另類方法。上一招子母釘，雖然前後連環，一腿釘出而另一腿沾地。此一招則在連環時，變成空中飛腿，即利用一腿提起，借勢使力，拔起身形，帶動另一腿前踢。

2.此招一腿踢敵後，收腿過程中即暗蓄提勁，跳步起身，另一腿飛出，順勢提速，更脆更快。

3. 此招的前一腿擊既可實踢，急速殺傷，也可以用作佯攻，誘其動防，而另一腿實踢，虛中有實，令敵難辨，更易得手。

六、頓錯錘

【招法單練】

1. **裏頓錯錘法**
(1)左門預備。
(2)左臂向裏搬攔。（圖5-76）
(3)連動不停。左臂順勢展開，打出左手當頭箭，位高同頭。（圖5-77）
2. **外頓錯錘法**
(1)左門預備。
(2)左臂向外提攔。（圖5-78）

圖5-76

圖5-77

（3）連動不停。左臂順勢展開，打出左手當頭箭，位高同頭。（圖5-79）

【實戰舉例】

1. 裏頓錯錘法
（1）左門對敵。（圖5-80）

圖5-78　　　　　　　圖5-79

圖5-80

(2)敵先出拳攻我中、下部，我急用左勢裏搬攔法，擋開敵招。（圖5-81）

(3)快速反擊，疾發左手當頭箭，打敵頭部。（圖5-82）

2.外頓錯錘法

(1)左門對敵。（圖5-83）

圖5-81

圖5-82

圖5-83

（2）敵先出拳攻我中、上部，我急用左勢外提攔法，擋開敵招。（圖5-84）

（3）快速反擊，疾發左手當頭箭，打敵頭部。（圖5-85）

【要點解析】

1.此招先用攔法，格擋敵來勁，順勢單節反擊，連消帶打，即攔即打，乾脆俐索，省時高效，便捷易用。

2.從勁力上講，攔防屈臂是錘之蓄力，既破了來招，又蓄滿力量，招之絕妙即在此。

圖5-84

圖5-85

七、轉環錘

【招法單練】

1. 上轉環錘法

(1)左門預備。

(2)左臂向下搬攔。（圖5-86）

(3)連動不停。左臂順勢旋轉，打出左手反面錘，位高同頭。（圖5-87）

2. 下轉環錘法

(1)左門預備。

(2)左臂向上提攔。（圖5-88）

(3)連動不停。左臂順勢旋轉，打出左手反面錘，位高同襠。（圖5-89）

圖 5-86

圖 5-87

圖 5-88　　　　　　　　　　圖 5-89

【實戰舉例】

1. 上轉環錘法

(1)左門對敵。（圖 5-90）

圖 5-90

（2）敵先出拳攻我中、上部，我急用左勢下搬攔法，擋開敵招。（圖5-91）

（3）快速反擊，疾發左手反面錘，打敵臉門。（圖5-92）

2.下轉環錘法

（1）左門對敵。（圖5-93）

圖 5-91

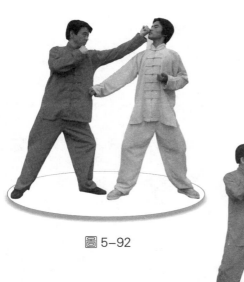

圖 5-92

圖 5-93

（2）敵先出拳攻我中、上部，我急用左勢上提攔法，擋開敵招。（圖5-94）

（3）快速反擊，疾發左手反面錘，打敵襠部。（圖5-95）

【要點解析】

1. 此招也是連消帶打法，反擊時惟用反面錘，但錘法幅度較大，有一個轉臂的動作，故名轉環錘。上轉環錘向上打，下轉環錘向下打。

2. 攔法幅度不能太大，擋出身外即可。反擊要快，不能脫斷，要防敵連變。無論攻防，要想得手，越快越好。

圖 5-94

圖 5-95

八、順手腳

【招法單練】

1. 順拳腳法

(1)左門預備。

(2)右拳打出當頭炮,位高同頭。(圖5-96)

(3)連動不停。右腿踢出掛叉腿,位高同襠。(圖5-97)

2. 順掌腳法

(1)左門預備。

(2)右手打出穿喉掌,位高同喉。(圖5-98)

(3)連動不停。右腿踢出掛叉腿,位高同襠。(圖5-99)

圖 5-96 圖 5-97

圖 5-98　　　　　　　　　圖 5-99

1.順拳腳法

(1)左門對敵。（圖 5-100）

圖 5-100

（2）我見機急進，先發右勢當頭炮，打敵臉門。（圖5-101）

（3）跟蹤追擊，再發右勢掛叉腿，連踢敵襠部。（圖5-102）

2. 順掌腳法

（1）左門對敵。（圖5-103）

圖5-101

圖5-102

圖5-103

(2)我見機急進，先發右勢穿喉掌，打敵咽喉。（圖 5-104）

(3)跟蹤追擊，再發右勢掛叉腿，連踢敵襠部。（圖 5-105）

圖 5-104

【要點解析】

1. 此招是手腳連環法，一上一下，快速進攻。此動作非常簡單，無特異性，而實戰時卻非常有用，不假思索即可發出，極為順溜。

2. 攻擊部位，一般上打面門下踢陰，短中加長，忽手忽腿，令敵顧上難顧下，措手不及。

圖 5-105

第 **6** 章

綿八打

一、提攔錘

【招法單練】

1. 提攔撩陰錘

(1)左門預備。

(2)左臂向上提攔。（圖6-1）

(3)連動不停。右手打出撩陰錘。（圖6-2）

圖6-1　　　　　　　　圖6-2

2. 提攔當頭炮

(1)左門預備。

(2)左臂向上提攔。（圖 6-3）

(3)連動不停。右手打出當頭炮。（圖 6-4）

3. 提攔灌耳錘

(1)左門預備。

(2)左臂向外提攔。（圖 6-5）

(3)連動不停。右手打出灌耳錘。（圖 6-6）

圖 6-3

圖 6-4

圖 6-5

圖 6-6

【實戰舉例】

1. 提攔撩陰錘

(1)左門對敵。（圖6-7）

(2)敵先出拳攻我中、上部，我急用左勢提攔法，擋開敵招。（圖6-8）

(3)快速反擊，疾發右手撩陰錘，打敵襠部。（圖6-9）

圖 6-7

圖 6-8

圖 6-9

2. 提攔當頭炮

(1)左門對敵。（圖6－10）

(2)敵先出拳攻我中、上部，我急用左勢提攔法，擋開敵招。（圖6－11）

(3)快速反擊，疾發右手當頭炮，打敵頭部。（圖6－12）

圖 6－10

圖 6－11

圖 6－12

3. 提攔灌耳錘

(1)左門對敵。（圖
6-13）

(2)敵先出拳攻我
中、上部，我急用左勢
提攔法，擋開敵招。
（圖6-14）

(3)快速反擊，疾發
右手灌耳錘，打敵耳
門。（圖6-15）

圖6-13

圖6-14

圖6-15

【要點解析】

1. 此招主要對付中上盤來招，用臂節的上架起提之力，以橫破直，使敵來勁走向被卸化及消失，無法中的，然後錘法速出，反擊傷之。

2. 破解來招時，判斷要準，應變要快，使敵打之不到。反擊時動作要順，乘勢即進，力求打之必到。

二、搬攔錘

【招法單練】

1. 搬攔當頭炮

(1)左門預備。

(2)左臂向下搬攔。（圖6-16）

(3)連動不停。右手打出當頭炮。（圖6-17）

圖6-16　　　　　　　　　圖6-17

2.搬攔灌耳錘

(1)左門預備。

(2)左臂向下搬攔。（圖6-18）

(3)連動不停。右手打出灌耳錘。（圖6-19）

【實戰舉例】

1.搬攔當頭炮

(1)左門對敵。（圖6-20）

圖6-18

圖6-19

圖6-20

(2)敵先出拳攻我
中、下部，我急用左
勢搬攔法，擋開敵
招。（圖6-21）

(3)快速反擊，疾
發右手當頭炮，打敵
面門。（圖6-22）

2. 搬攔灌耳錘

(1) 左門對敵。
（圖6-23）

圖 6-21

圖 6-22

圖 6-23

（2）敵先出拳攻我中、下部，我急用左勢搬攔法，擋開敵招。（圖6-24）

（3）快速反擊，疾發右手灌耳錘，打敵耳門。（圖6-25）

【要點解析】

1.此招主要破解敵中、下方來勁，在前臂下砸使敵招走勢的同時，快速以炮拳或灌拳對敵當頭一擊，傷其無回。

2.搬攔時，一要快，快速反應是防守的前提；二要準，準確的方法才能有效。反擊時，一搬即打，不要脫斷，防則為攻，攻防連貫。

3.提攔錘和搬攔錘是羅漢拳綿打最常用的反擊手法，一般先用前臂，起手順，防護快，漏洞少，然後後手重勁，短中加長，猛烈難擋。

圖6-24

圖6-25

三、鈎手踢

【招法單練】

1. 勾腿鏟膝法

(1)左門預備。

(2)先出左勢鈎子手。（圖6-26）

(3)連動不停。左腿順勢踢出鏟子腿，位高同膝。（圖6-27）

2. 脫鈎蹬身法

(1)左門預備。

(2)先出左勢鈎子手。（圖6-28）

(3)連動不停。鈎子手上提，同時身向左轉，右腿順勢踢出中位蹬山腿。（圖6-29）

圖 6-26

圖 6-27

圖 6-28

圖 6-29

【實戰舉例】

1. 勾腿鑹膝法

(1)左門對敵。（圖 6-30）

圖 6-30

(2)敵先踢我中、下部，我急用左勢鉤子手，掛擋來腿。（圖 6-31）

(3)快速反擊，再發左勢鏟子腿，踢敵另一腿膝節。（圖 6-32）

2. 脫鉤蹬身法

(1)左門對敵。（圖 6-33）

圖 6-31

圖 6-32

圖 6-33

圖 6-34

　　(2)敵先踢我中、
下部，我急用左勢鉤
子手，掛擋來腿。
（圖 6-34）

　　(3)勾腿之後，不
作控制，脫手用腿，
猛發右勢蹬山腿，踢
敵中部，致敵遠跌。
（圖 6-35）

圖 6-35

【要點解析】

　　1.鉤子手在化勁的同時有腕臂的承接和格擋作用。一
般破解踢腿，並用前手。在勾腿後應儘量使其腿位提高為
佳。

　　2.鑔腿時要綿中帶脆，短促突擊，主攻部位以敵支撐
腿的膝節為佳。一是起腿方便，發勁整重，對位適宜，二

是敵腿獨立，無法躲避，且攻下盤，無法阻攔，一旦踢中，膝傷立仆。

3. 脫鉤有兩種用途，一是利於後蹬腿發出巨力，二是可致敵遠跌。

四、封門打

【招法單練】

1. 手封當頭炮

(1) 左門預備。

(2) 左掌向正前伸出，臂節伸直，腕節立起，掌心向前。（圖 6-36）

(3) 兩腿向前進步，同時右拳打出當頭炮。（圖 6-37）

圖 6-36

圖 6-37

2. 手封灌耳錘

(1) 左門預備。

(2) 左掌向正前伸出，臂節伸直，腕節立起，掌心向前。（圖 6-38）

(3) 兩腿向前進步，同時右拳打出灌耳錘。（圖 6-39）

3. 腳封進步當頭箭

(1) 左門預備。

(2) 左腳向前下伸出，膝節彎曲，腳腕勾起，腳掌向前。（圖 6-40）

圖 6-38

圖 6-39

圖 6-40

(3)左腿向前落地進步，同時左拳打出當頭箭。（圖6-41）

4. 腳封進步當頭炮

(1)左門預備。

(2)左腳向前下伸出，膝節彎曲，腳腕勾起，腳掌向前。（圖6-42）

(3)左腿向前落地進步，同時右拳打出當頭炮。（圖6-43）

圖6-41

圖6-42

圖6-43

【實戰舉例】

1. 手封當頭炮

(1)左門對敵。（圖 6-44）

(2)我先用左掌封閉敵上門。（圖 6-45）

(3)乘機急進，右手發出當頭炮，猛打敵頭部。（圖 6-46）

圖 6-44

圖 6-45

圖 6-46

2. 手封灌耳錘

(1)左門對敵。（圖6-47）

(2)我先用左掌封閉敵上門。（圖6-48）

(3)乘機急進，右手發出灌耳錘，猛打敵耳門。（圖6-49）

圖 6-47

圖 6-48

圖 6-49

3.腳封進步當頭箭

(1)左門對敵。（圖6-50）

(2)我先用前腳封閉敵下門。（圖6-51）

(3)落腳急進，左手疾發當頭箭，猛打敵頭部。（圖6-52）

圖 6-50

圖 6-51

圖 6-52

4. 腳封進步當頭炮

(1)左門對敵。（圖 6-53）

(2)我先用前腳封閉敵上門。（圖 6-54）

(3)落腳急進，右手疾發當頭炮，猛打敵頭部。（圖 6-55）

【要點解析】

1.所謂綿打，不是發勁的綿軟，而是動作的綿延，主要指對敵攻擊前必須的防守、封閉、破門等技法的暫時的纏綿，一旦得勢，凌厲擊之，這就是

圖 6-53

圖 6-54

圖 6-55

綿打的特性和要則。

2.此招先以前臂、前手或前腿、前腳主動封阻，既以一臂之長或一腿之長將敵可能的來招遠拒門外，又以掌法的劈封或腳法的蹬踩，遮蔽了來節的勁道，遲滯了敵突襲的速度，然後適時加以進擊，安全性強。這就是綿打法間接攻擊的優點所在。

五、扒門打

【招法單練】

1. 爪扒當頭炮

(1)左門預備。

(2)兩腿向前進步，同時左手成五花爪向前抓出，位高同肩，爪心向下，虎口在右。（圖6-56）

(3)連動不停。左爪下拉，同時右拳打出當頭炮，位高同頭。（圖6-57）

圖 6-56

圖 6-57

2. 爪扒灌耳錘

(1)左門預備。

(2)兩腿向前進步，同時左手成五花爪向前抓出，位高同肩，爪心向下，虎口在右。（圖 6-58）

(3)連動不停。左爪外拉，同時右拳打出灌耳錘，高在耳位。（圖 6-59）

3. 爪扒反面錘

(1)左門預備。

(2)兩腿向前進步，同時左手成五花爪向前抓出，位高同肩，爪心向下，虎口在右。（圖 6-60）

(3)連動不停。左爪下拉，同時右拳打出反面錘，位高同臉。（圖 6-61）

圖 6-58

圖 6-59

圖 6-60　　　　　　　　圖 6-61

4. 掌扒當頭炮

(1)左門預備。

(2)兩腿向前進步，同時左掌向前拍出，位高同肩，掌背在上，掌面向下。（圖 6-62）

(3)連動不停。右拳打出當頭炮，位高同頭。（圖 6-63）

圖 6-62　　　　　　　　圖 6-63

5. 掌扒灌耳錘

(1)左門預備。

(2)兩腿向前進步，同時左掌向前拍出，位高同肩，掌背在上，掌面向下。（圖 6-64）

(3)連動不停，右拳打出灌耳錘，位高同耳。（圖 6-65）

【實戰舉例】

1. 爪扒當頭炮

(1)左門對敵。（圖 6-66）

(2)我先用左爪向下抓拉敵前手腕，扒開敵上門。（圖 6-67）

(3)乘勢急進，右手發出當頭炮，猛打敵頭部。（圖 6-68）

圖 6-64

圖 6-65

圖 6-66

圖 6-67

圖 6-68

2. 爪扒灌耳錘

(1)左門對敵。（圖6-69）

(2)我先用左爪向下抓拉敵前手腕，扒開敵上門。（圖6-70）

(3)乘勢急進，右手發出灌耳錘，猛打敵耳門。（圖6-71）

圖6-69

圖6-70

圖6-71

3. 爪扒反面錘

(1)左門對敵。（圖 6-72）

(2)我先用左爪向下抓拉敵前手腕，扒開敵上門。（圖 6-73）

(3)乘勢急進，右手發出反面錘，猛打敵臉門。（圖 6-74）

圖 6-72

圖 6-73

圖 6-74

4. 掌扒當頭炮

(1)左門對敵。（圖6-75）

(2)我先用左掌向下拍敵前臂，扒開敵上門。（圖6-76）

(3)乘勢急進，右手發出當頭炮，猛打敵頭部。（圖6-77）

圖 6-75

圖 6-76

圖 6-77

5.掌扒灌耳錘

(1)左門對敵。（圖6-78）

(2)我先用左掌向下拍敵前臂，扒開敵上門。（圖6-79）

(3)乘勢急進，右手發出灌耳錘，猛打敵耳部。（圖6-80）

圖 6-78

圖 6-79

圖 6-80

【要點解析】

1.此招是初戰時常用的技法。一旦與敵對峙，雙方戰架肅立，防範森嚴，我欲傷敵，必先破門。要把敵防禦手臂扒開，使其失去封閉或格擋的作用，方易深入要地，傷其要害。

2.扒門可用爪法，也可用掌法。用爪法能夠連帶控制，用掌法利於快擊。若我得手，敵門洞開，應迅速發起猛擊，並且是連續的猛擊，把敵徹底解決。

3.掌扒時的手法是「封眼掌」的變勢，即變為扒打敵手臂。

六、伏虎手

【招法單練】

1.抓拽法

(1)左門預備。

(2)兩腿向前進步，同時雙手成五花爪向前上抓出，位高頭上，爪心向下，虎口在裏，臂節伸開。（圖6-81）

圖6-81

(3)不停頓。雙爪連動向下大幅拉拽，臂節彎曲，上身前彎，椿勢下沉。（圖6-82）

圖6-82

圖 6-83

圖 6-84

2. 抓按法

(1)左門預備。

(2)兩腿向前進步，同時左手成五花爪向前上抓出，然後向下拉拽，爪心向下，虎口在右。（圖 6-83）

(3)連動不停。右爪跟上向下壓按，爪心向裏，虎口在下。（圖6-84）

【實戰舉例】

1. 抓拽法

(1)左門對敵。（圖6-85）

圖 6-85

（2）我見機急進，先用雙手五花爪捕抓敵頭髮。（圖6-86）

（3）抓住後即快速向下猛力拉拽，迫使敵低頭前仆，伏身就擒。（圖6-87）

2.抓按法

（1）左門對敵。（圖6-88）

（2）我見機急進，先用左手五花爪捕抓敵頭髮，抓住後即快速向下猛力拉拽。（圖6-89）

（3）右手緊跟以五花爪抓按敵後頸，合力迫使敵低頭前仆，伏身就擒。（圖6-90）

圖6-86

圖6-87

圖 6-88

圖 6-89

圖 6-90

【要點解析】

　　1. 此招是擒制法，專以雙爪，強力拽按，迫敵頭節極度下移仆地，並在跌地的同時傷害其發根，令其巨疼難忍。若用快勁，還可折傷其頸節。用勁時，樁身要下沉，重心要後移，加幅增力。

2.此招的第一動勢進手時，既可雙爪同時進攻。也先用單爪再連另一爪抓髮。

3.一旦抓住，解脫極為不易。要想使敵重創，可在此招後連接打法，如掏臉、灌耳、劈頸等，此時敵已極度被動，有打必中。

七、拆骨轉

【招法單練】

1.大轉法

(1)左門預備。

(2)兩腿向前進步，同時雙手成五花爪向前抓出，位高同胸，爪心向下，虎口向前，右爪在前，左爪在後。（圖6-91）

(3)不停頓。雙爪連動向右上大幅纏擰，臂節適屈，上身左轉。（圖6-92）

圖6-91　　　　　　　圖6-92

圖 6-93

圖 6-94

2. 小轉法

(1)左門預備。

(2)兩腿向前進步，同時雙手成五花爪向前抓出，位高同胸，爪心向裏，虎口向上，左爪在下，右爪在上。（圖6-93）

(3)不停頓，雙爪連動向左下小幅纏擰，臂節適屈，上身左轉。（圖6-94）

【實戰舉例】

1. 大轉法

(1)左門對敵。（圖6-95）

圖 6-95

(2)我見機急進,先用雙手五花爪捕抓敵前臂。(圖6-96)

(3)抓住後即快速向外上猛力纏擰,致敵臂傷。(圖6-97)

2. 小轉法

(1)左門對敵。(圖6-98)

(2)我見機急進,先用雙手五花爪捕抓敵前臂。(圖6-99)

(3)抓住後即快速向外下猛力纏擰,致敵臂傷。(圖6-100)

圖 6-96

圖 6-97

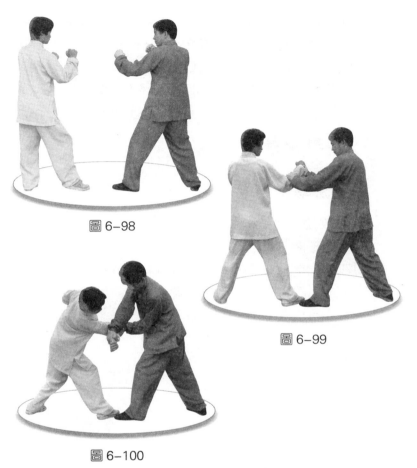

圖 6-98

圖 6-99

圖 6-100

【要點解析】

1. 此招是分筋錯骨法，由雙爪的大擰或小纏，使敵手臂超限扭曲，輕則制其一臂，周身難動，束手就擒。若用大力，可使敵肩掉臂殘。

2.此招運用時，既可雙爪同進，也可單爪連進。惟要注意的是，捕抓要準確，纏擰要迅速，一觸即發，不給其逃避的餘地，對其手臂完成徹底的損害。

3.此招名為「拆骨轉」，能致人殘疾，難以醫治，學練時千萬要掌握好分寸，點到為止，避免受傷。

八、舉鼎摔

【招法單練】

1.主攻法

(1)左門預備。

(2)兩腿向前進步，同時雙手成五花爪向前下抓出，位高同脛，爪心向裏，虎口在上，臂節適屈，左爪在上，右爪在下。（圖6-101）

(3)不停頓，雙爪連動向上大幅托舉，爪心向上，虎口向外，樁勢提高。（圖6-102）

圖6-101

圖6-102

圖 6-103

圖 6-104

2. 反擊法

(1)左門預備。

(2)兩腿向前進步，同時雙手成五花爪向前中抓出，位高同胸，爪心向上，虎口在外，臂節適屈，左爪在前，右爪在後。（圖6-103）

(3)不停頓，雙爪連動向上大幅托舉，樁勢提高（圖6-104）

【實戰應用】

1. 主攻法

(1)左門對敵。（圖6-105）

圖 6-105

(2)我見機急進，先用雙手五花爪擒抓敵前腿。（圖 6-106）

(3)抓住後即快速向上猛力拽起托舉，迫使敵仰身後倒。（圖 6-107）

圖 6-106

圖 6-107

2. 反擊法

(1)左門對敵。（圖 6-108）

(2)敵先向我中、上部踢來，我急用五花爪接抓敵腿。
（圖 6-109）

圖 6-108

圖 6-109

圖 6-110

(3)抓住後即快速向上猛力托舉，迫使敵仰身後倒。
（圖 6-110）

【要點解析】

1.此招是摔跌法，專用雙爪的超幅高舉，敵一腿獨
立，另一腿一經托力，應手立倒，整體失控，最易跌傷，
不復能戰。

2.此招主要運用於反擊時，一旦得手，雙爪要快速發
力，不得使敵彎腿，其膝節一彎，抵抗能力頓時增強，難
再跌摔。若敵後撤，則要快速跟進，防止脫手。

第 **7** 章

剛八打

一、開路膝

【招法單練】

1. 單連法

(1)左門預備。

(2)左膝頂出陰門膝，位高同襠。（圖 7-1）

(3)連動不停。左膝一落再起，繼續頂出陰門膝，位高同襠。（圖 7-2）

圖 7-1　　　　　　　圖 7-2

2. 雙連法

(1)左門預備。

(2)左膝頂出陰門膝，位高同襠。（圖7-3）

(3)連動不停。右膝頂出陰門膝，位高同襠。（圖7-4）

3. 三連法

(1)左門預備。

(2)右膝頂出陰門膝，位高同襠。（圖7-5）

圖7-3　　　　　　　　圖7-4

圖7-5

(3)連動不停。左膝頂出陰門膝，位高同襠。（圖7-6）

(4)連動不停。右膝再次頂出陰門膝，位高同襠。（圖7-7）

【實戰舉例】

1. 單連法

(1)左門對敵。（圖7-8）

圖7-6

圖7-7

圖7-8

(2)我見機急進，先用左勢陰門膝頂撞敵下部。（圖 7-9）

(3)單膝連擊，再用左勢陰門膝頂撞敵下部。（圖 7-10）

2. 雙連法

(1)左門對敵。（圖 7-11）

(2)我見機急進，先用左勢陰門膝頂撞敵下部。（圖 7-12）

(3)連環攻擊，再用右勢陰門膝頂撞敵下部。（圖 7-13）

圖 7-9

圖 7-10

圖 7-11

圖 7-12

圖 7-13

3. 三連法

(1)左門對敵。（圖7-14）

(2)我見機急進，先用右勢陰門膝頂撞敵下部。（圖7-15）

(3)連環攻擊，再用左勢陰門膝頂撞敵下部。（圖7-16）

(4)窮追不捨，三用右勢陰門膝頂撞敵下部。（圖7-17）

圖7-14

圖7-15

圖 7-16

圖 7-17

【要點解析】

1. 此招是陰門膝的連環撞擊法。臨敵時以膝撞的整重篤力對其以襠部為主的要部發起衝鋒，一而再，再而三，短促突擊，開路搶進。

2. 此招剛猛異常，極具威脅力，襠部傷害之重不必多說，中可危及性命，而與陰部同高的大腿部或者較高的小腹、軟肋遭受重膝衝撞也能致傷，即使輕者也疼徹心脾，立即喪力，頓時失勢。

二、連珠炮

【招法單練】

1. 單連法

(1)左門預備。

(2)兩腿向前進步，同時右手打出當頭炮。（圖 7-18）

(3)連動不停。右手再次打出當頭炮。（圖 7-19）

圖 7-18

2. 雙連法

(1)左門預備。

(2)兩腿向前進步，同時右手打出當頭炮。（圖 7-20）

(3)連動不停。左手打出當頭炮。（圖 7-21）

圖 7-19

圖 7-20

3. 三連法

(1) 左門預備。

(2) 兩腿向前進步，同時右手打出當頭炮。（圖 7-22）

(3) 連動不停。左手打出當頭炮。（圖 7-23）

(4) 連動不停。右手打出當頭炮。（圖 7-24）

圖 7-21

圖 7-22

圖 7-23

圖 7-24

【實戰舉例】

1. 單連法

(1)左門對敵。（圖7-25）

(2)我見機急進,先發右手當頭炮,打敵頭部。（圖7-26）

(3)單拳連擊,一收再發,還是右手當頭炮,打敵頭部。（圖7-27）

圖7-25

圖7-26

圖7-27

2. 雙連法

(1)左門對敵。（圖7-28）

(2)我見機急進，先發右手當頭炮，打敵頭部。（圖7-29）

(3)跟蹤追擊，再發左手當頭炮，連打敵頭部。（圖7-30）

圖 7-28

圖 7-29

圖 7-30

3. 三連法

(1)左門對敵。（圖 7–31）

(2)我見機急進，先發右手當頭炮，打敵頭部。（圖 7–32）

(3)跟蹤追擊，再發左手當頭炮，連打敵頭部。（圖 7–33）

(4)窮追不捨，續發右手當頭炮，三打敵頭部。（圖 7–34）

圖 7–31

圖 7–32

圖 7-33

圖 7-34

【要點解析】

1. 此招是當頭炮錘的強攻連環法。長勁直沖，炮打連珠，攻擊距長，打擊力重，協調性高，實用效大，是最為慣用的剛打法。

2. 左勢對敵。若先發左拳，速度快，即成箭拳，但不易打出巨力，若先出右炮，此時左拳變成後手，就可以有大幅蓄勢，打出猛烈的炮勁。

3. 敵若與我正對，擊其面門、鼻梁或眼球；敵若側勢，則擊其耳位。不必多拘，見機撲近上門，對敵頭部即擊，立可收效。另外，攻擊時，敵不傷不止，可以追加四拳，也可以五拳，要多增加出擊次數，連續不停，將敵徹底摧毀。

三、左右開弓

【招法單練】

1. 後前連環法

(1)左門預備。

(2)右手打出灌耳錘，位高同耳。（圖7-35）

(3)連動不停。左手打出灌耳錘，位高同耳。（圖7-36）

2. 前後連環法

(1)左門預備。

(2)左手打出灌耳錘。（圖7-37）

(3)連動不停。右手打出灌耳錘。（圖7-38）

圖7-35

圖7-36

圖 7-37

圖 7-38

【實戰舉例】

1. 後前連環法

⑴左門對敵。（圖 7-39）

圖 7-39

(2)我見機急進，先發右手灌耳錘，打敵耳門。（圖 7-40）

(3)跟蹤追擊，再發左手灌耳錘，連打敵耳門。（圖7-41）

2. 前後連環法

(1)左門對敵。（圖 7-42）

(2)我見機急進，先發左手灌耳錘，打敵耳門。（圖 7-43）

(3)跟蹤追擊，再發右手灌耳錘，連打敵耳門。（圖 7-44）

圖 7-40

圖 7-41

圖 7-42

圖 7-43

圖 7-44

【要點解析】

1. 此招是灌耳錘連擊法。傷敵兩耳，兇猛異常，勢不可擋，主攻用此，立占上風。

2. 灌耳錘雖然專打耳門，但在實際搏鬥時，敵頭位變化較大，尤其是連擊時。若敵頭位變側，後拳就打不上耳門，這時就要對其臉門灌擊，千萬不要拘泥死板。

3. 此招和連珠炮同屬重拳強攻法，連珠炮直來直去，

而此拳從敵側翼攻進，一左一右，不但最難應接，而且中距發力，弧形勁路，爆發力更強烈。

四、陰陽連環錘

【招法單練】

1. 撩灌連環法

(1)左門預備。

(2)左手打出撩陰錘。（圖 7-45）

(3)連動不停。右手打出灌耳錘。（圖 7-46）

2. 撩炮連環法

(1)左門預備。

(2)左手打出撩陰錘。（圖 7-47）

(3)連動不停。右手打出當頭炮。（圖 7-48）

圖 7-45

圖 7-46

圖 7-47　　　　　　　　　　圖 7-48

【實戰舉例】

1. 撩灌連環法

⑴左門對敵。（圖 7-49）

圖 7-49

(2)我見機急進，先發左手撩陰錘，打敵襠部。（圖 7-50）

(3)跟蹤追擊，再發右手灌耳錘，連打敵耳門。（圖 7-51）

2. 撩炮連環法

(1)左門對敵。（圖 7-52）

(2)我見機急進，先發左手撩陰錘，打敵襠部。（圖 7-53）

(3)跟蹤追擊，再發右手當頭炮，連打敵頭部。（圖 7-54）

圖 7-50

圖 7-51

圖 7-52

圖 7-53

圖 7-54

【要點解析】

1. 此招是下錘和上錘的混合法。重拳連環，一下一上，一陰一陽，出形突變，更易得手。

2. 兩拳的聯合，一為造勢，二為重創，所以此招既可

前後連，也可後前連，這要根據敵方要害的裸露方位而定。

五、蹬踩剛猛法

【招法單練】

1. 搶攻法

⑴左門預備。

⑵左腿踢出蹬山腿。（圖 7-55）

⑶連動不停。向右轉身，左腿繼續踢出，變成踩山腿。（圖 7-56）

2. 強攻法

⑴左門預備。

⑵左腿踢出蹬山腿。（圖 7-57）

⑶連動不停。向左轉身，同時右腿踢出踩山腿。（圖 7-58）

圖 7-55　　　　　　　　　　圖 7-56

圖 7-57

圖 7-58

【實戰舉例】

1. 搶攻法

(1)左門對敵。（圖 7-59）

圖 7-59

(2)我見機急進，先發左勢蹬山腿，踢敵身體。（圖 7-60）

(3)單腿連擊，一收再發，左勢跺山腿二踢敵身體。（圖 7-61）

2. 強攻法

(1)左門對敵。（圖 7-62）

(2)我見機急進，先發左勢蹬山腿，踢敵身體。（圖 7-63）

圖 7-60

圖 7-61

(3)跟蹤追擊，再發右勢跺山腿，連踢敵身體。（圖7-64）

圖 7-62

圖 7-63

圖 7-64

【要點解析】

1.此招是蹬山腿和跺山腿的連環技法，兩腿皆是伸屈型重腿，極具強擊效果。

2.蹬腿正身發力，跺腿側身發力，一正一側，先正後側，順勢順勁，動作易行，並能借助擰腰轉體，增強後續攻擊力。

六、棍後鞭

【招法單練】

1.棍後抽鞭法

(1)左門預備。

(2)左腿踢出蹬山腿。（圖 7-65）

(3)連動不停。向左轉身，同時右腿踢出抽鞭腿。（圖 7-66）

圖 6-65   圖 6-66

圖 6-67 圖 6-68

2. 棍後甩鞭法

(1)左門預備。

(2)左腿踢出蹬山腿。（圖 7-67）

(3)連動不停。向右後轉身，同時右腿踢出甩鞭腿。
（圖 7-68）

【實戰舉例】

1. 棍後抽鞭法

(1)左門對敵。（圖 7-69）

圖 7-69

(2)我見機急進，先發左勢蹬山腿，踢敵身體。（圖 7-70）

(3)跟蹤追擊，再發右勢抽鞭腿，連踢敵身體。（圖 7-71）

2. 棍後甩鞭法

(1)左門對敵。（圖 7-72）

(2)我見機急進，先發左勢蹬山腿，踢敵身體。（圖 7-73）

(3)跟蹤追擊，再發右勢甩鞭腿，連踢敵身體。

圖 7-70

圖 7-71

圖 7-72

（圖 7-74）

【要點解析】

1. 此招是蹬腿和鞭腿的連環法，其發勁形式相得益彰，蹬山腿直勁正擊，專攻洪門，抽鞭腿或甩鞭腿旋勁側擊，專踢兩翼。

2. 兩腿踢敵時一要注意好戰距，蹬腿是中距離腿法，鞭腿也是中距離腿法，若蹬擊落地後，戰距不適，要及時動步調節；二要把握好戰勢，連踢時要猛要快，以迅速結果敵方為原則。

圖 7-73

圖 7-74

七、鴛鴦踩

【招法單練】

1. 搶攻法

(1)左門預備。

(2)向右轉身，同時左腿踢出踩山腿。（圖 7-75）

(3)連動不停，左腿連續踢出踩山腿。（圖 7-76）

2. 強攻法

(1)左門預備。

(2)向右轉身，同時左腿踢出踩山腿。（圖 7-77）

(3)連動不停。向左轉身，同時右腿踢出踩山腿。（圖 7-78）

圖 7-75

圖 7-76

圖 7-77

圖 7-78

【實戰舉例】

1. 搶攻法

(1)左門對敵。（圖 7-79）

圖 7-79

(2)我見機急進，先發左勢跺山腿，踢敵身體。（圖7-80）

(3)單腿連擊，一收再發，左勢跺山腿二踢敵身體。（圖7-81）

2.強攻法

(1)左門對敵。（圖7-82）

(2)我見機急進，先發左勢跺山腿，踢敵身體。（圖7-83）

圖 7-80

圖 7-81

圖 7-82

圖 7-83

（3）跟蹤追擊，再發右勢踩山腿，連踢敵身體。（圖 7-84）

【要點解析】

1. 此招是踩山腿的連環法。踩山腿屬於強攻性的重腿，力大勢猛，且攻擊距長，其混合連踢，能給敵造成極大的威脅和殺傷力，不但可衝傷其內臟，引起重度傷害，且可

圖 7-84

致敵傾跌，大力到處，丈遠開外。

2. 另外，此招皆是斜身攻擊，非常穩定，遇敵挑托、推勾或抓攜時，不致仰跌，利於補救；且在踢腿時上身後

仰，使大部分要害都避開正位，後移側藏，比較安全。

3.連腿要快猛協調，力求必勝。其餘要點可參閱「明八腿」之「跺山腿」。

八、連環鞭

【招法單練】

1. 抽甩連環鞭

(1)左門預備。

(2)向左轉身，同時右腿踢出抽鞭腿。（圖 7-85）

(3)連動不停。向左後轉身，同時左腿踢出甩鞭腿。（圖 7-86）

2. 雙抽連環鞭

(1)左門預備。

(2)向左轉身，同時右腿踢出抽鞭腿。（圖 7-87）

(3)連動不停。向右轉身，同時左腿踢出抽鞭腿。（圖 7-88）

圖 7-85　　　　　　　　圖 7-86

3. 單抽連環鞭

(1)左門預備。

(2)向左轉身，同時右腿踢出抽鞭腿。（圖7-89）

(3)連動不停。右腿一收又發，連續踢出抽鞭腿。（圖7-90）

圖7-87

圖7-88

圖7-89

圖7-90

【實戰舉例】

1. 抽甩連環鞭

(1)左門對敵。（圖
7-91）

(2)我見機急進，先
發右勢抽鞭腿，踢敵身
體。（圖7-92）

(3)跟蹤追擊，再發
左勢甩鞭腿，連踢敵身
體。（圖7-93）

圖7-91

圖7-92

圖7-93

2. 雙抽連環鞭

(1)左門對敵。（圖 7-94）

(2)我見機急進，先發右勢抽鞭腿，踢敵身體。（圖 7-95）

(3)跟蹤追擊，再發左勢抽鞭腿，連踢敵身體。（圖 7-96）

圖 7-94

圖 7-95

圖 7-96

3. 單抽連環鞭

(1)左門對敵。（圖 7-97）

(2)我見機急進，先發右勢抽鞭腿，踢敵身體。（圖 7-98）

圖 7-97

圖 7-98

圖 7-99

（3）單腿連擊，一收再發，右勢抽鞭腿二踢敵身體。
（圖 7-99）

【要點解析】

1. 此招是抽鞭腿和甩鞭腿的混合法，兩腿皆是掃腿系列。踢擊必須發出快猛的鞭勁來，並要注意自身的重心穩定。

2. 抽鞭腿從前發腿，甩鞭腿向後倒踢。連環使用，一是正好順勢，蓄發便利；二是一腿走空，另一腿補救，不給敵喘息之機；三是控制面極大，敵左右兩翼皆在我腿擊範圍之中；四是震盪力極強，能把敵方踢得左搖右晃，重則可立倒。

第 **8** 章

巧八打

一、封眼打

【招法單練】

1. 封眼撩陰錘

(1)左門預備。

(2)兩腿進步，同時左手打出封眼掌。（圖 8−1）

(3)連動不停。右手打出撩陰錘。（圖 8−2）

圖 8−1

圖 8−2

2. 封眼灌耳錘

(1)左門預備。

(2)兩腿進步，同時左手打出封眼掌。（圖 8-3）

(3)連動不停。右手打出灌耳錘。（圖 8-4）

3. 封眼裙裹腿

(1)左門預備。

(2)兩腿進步，同時左手打出封眼掌。（圖 8-5）

(3)連動不停。乘勢踢出右勢裙裹腿。（圖 8-6）

圖 8-3

圖 8-4

圖 8-5

圖 8-6

【實戰舉例】

1. 封眼撩陰錘

(1)左門對敵。（圖 8-7）

圖 8-7

(2)我見機急進，先發左手封眼掌，打敵眼睛。（圖8-8）

(3)跟蹤追擊，再發右手撩陰錘，連打敵襠部。（圖8-9）

2.封眼灌耳錘

(1)左門對敵。（圖8-10）

(2)我見機急進，先發左手封眼掌，打敵眼睛。（圖8-11）

圖8-8

圖8-9

(3)跟蹤追擊，再發右手灌耳錘，連打敵耳門。（圖 8-12）

圖 8-10

圖 8-11

圖 8-12

3. 封眼裙裏腿

(1)左門對敵。（圖 8-13）

(2)我見機急進，先發左手封眼掌，打敵眼睛。（圖 8-14）

(3)跟蹤追擊，再發右勢裙裏腿，連踢敵襠部。（圖 8-15）

圖 8-13

圖 8-14

圖 8-15

【要點解析】

1. 眼睛是人體的視覺器官，是實戰的「偵察兵」，一旦遭到封殺，如同盲人，雖有一身功夫，照樣挨打。所以使好封眼打，常能出奇制勝，極具妙用。

2. 實施封眼後，最宜傷敵下盤，一般用拳法擊其襠部，若戰距適宜，傷害極烈，常起到一招制敵、一擊必殺的高效。若敵見危退避，則須急速跟進，隨即運用腿法，放長擊遠。總以閃電傷殺為原則。

圖 8-16

二、誘打

【招法單練】

1. 上誘反面錘

⑴左門預備。

⑵左手先向上虛晃一下。（圖 8-16）

⑶連動不停。然後突變反面錘，位高同襠。（圖 8-17）

圖 8-17

2. 上誘撩陰錘

(1)左門預備。

(2)左手向上虛晃一下。（圖 8-18）

(3)連動不停。右手打出撩陰錘。（圖 8-19）

3. 上誘尖子腿

(1)左門預備。

(2)左手向上虛晃一下。（圖 8-20）

圖 8-18

圖 8-19

圖 8-20

(3)連動不停。踢出右勢尖子腿，位高同脛。（圖 8–21）

4. 上誘裙裏腿
(1)左門預備。

(2)左手向上虛晃一下。（圖 8–22）

(3)連動不停。踢出右勢裙裏腿，位高同襠。（圖 8–23）

圖 8–21

圖 8–22

圖 8–23

5. 下誘反面錘

(1)左門預備。

(2)左手先向下虛晃一下。（圖8-24）

(3)連動不停。然後突變反面錘，高位打出。（圖8-25）

6. 下誘灌耳錘

(1)左門預備。

(2)左手向下虛晃一下。（圖8-26）

圖 8-24

圖 8-25

圖 8-26

(3)連動不停。右手打出灌耳錘。（圖 8-27）

7. 下誘斬首掌

(1)左門預備。

(2)左手向下虛晃一下。（圖 8-28）

(3)連動不停。右手打出斬首掌,位高同頸。（圖 8-29）

圖 8-27

圖 8-28

圖 8-29

8. 下誘當頭炮

(1)左門預備。

(2)左手向下虛晃一下。（圖 8-30）

(3)連動不停，右手打出當頭炮。（圖 8-31）

【實戰舉例】

1. 上誘反面錘

(1)左門對敵。（圖 8-32）

圖 8-30

圖 8-31

圖 8-32

(2)我先用左勢虛招，佯攻敵上門，誘其上鉤。（圖8-33）

　(3)快速跟進，連變左勢反面錘，猛擊敵襠部。（圖8-34）

圖 8-33

圖 8-34

2. 上誘撩陰錘

(1)左門對敵。（圖 8-35）

(2)我先用左勢虛招，佯攻敵上門，誘其上鉤。（圖 8-36）

(3)快速跟進，再發右勢撩陰錘，猛擊敵襠部。（圖 8-37）

圖 8-35

圖 8-36

圖 8-37

3. 上誘尖子腿

(1)左門對敵。（圖
8-38）

(2)我先用左勢虛
招，佯攻敵上門，誘其
上鉤。（圖 8-39）

(3)快速跟進，再發
右勢尖子腿，猛踢敵脛
骨。（圖 8-40）

圖 8-38

圖 8-39

圖 8-40

4. 上誘裙裏腿

(1)左門對敵。（圖
8-41）

(2)我先用左勢虛
招，佯攻敵上門，誘其
上鉤。（圖8-42）

(3)快速跟進，再發
右勢裙裏腿，猛擊敵襠
部。（圖8-43）

圖 8-41

圖 8-42

圖 8-43

5. 下誘反面錘

(1)左門對敵。（圖
8-44）

(2)我先用左勢虛
招，佯攻敵下門，誘其
上鉤。（圖8-45）

(3)快速跟進，連變
左勢反面錘，猛擊敵臉
部。（圖8-46）

圖 8-44

圖 8-45

圖 8-46

6. 下誘灌耳錘

(1)左門對敵。（圖8-47）

(2)我先用左勢虛招，佯攻敵下門，誘其上鉤。（圖8-48）

(3)快速跟進，再發右勢灌耳錘，猛擊敵耳部。（圖8-49）

圖 8-47

圖 8-48

圖 8-49

7. 下誘斬首掌

(1)左門對敵。（圖
8-50）

(2)我先用左勢虛
招，佯攻敵下門，誘其
上鉤。（圖8-51）

(3)快速跟進，再發
右勢斬首掌，猛擊敵頭
頸。（圖8-52）

圖 8-50

圖 8-51

圖 8-52

8. 下誘當頭炮

(1)左門對敵。（圖
8-53）

(2)我先用左勢虛
招，佯攻敵下門，誘其
上鉤。（圖8-54）

(3)快速跟進，再發
右勢當頭炮，猛擊敵頭
部。（圖8-55）

圖 8-53

圖 8-54

圖 8-55

【要點解析】

1. 誘打不是單一的一招，而是一種打法，其總則是：不論使用何形何勢，皆為佯攻，目的是誘敵上鉤，作出錯誤判斷，然後立即由虛變實，再奇襲敵要害。所以，不要僅僅拘泥於例解。

2. 牽敵鼻子，爭取主動，打其不測，巧妙勝人，所有誘招就不必發出猛力，只做其形即可。一旦得手，當應及時攻進，見機不到，終無實效。

圖 8-56

三、吞身錘

【招法單練】

1. 吞身當頭炮

(1) 左門預備。

(2) 向後吞身，彎腰探背。（圖 8-56）

(3) 連動不停。同時右手打出當頭炮。（圖 8-57）

圖 8-57

2. 吞身灌耳錘

(1)左門預備。

(2)向後吞身，彎腰探背。（圖 8-58）

(3)連動不停。同時右手打出灌耳錘。（圖 8-59）

3. 吞身反面錘

(1)左門預備。

(2)向後吞身，彎腰探背。（圖 8-60）

(3)連動不停。同時左手打出反面錘，高在頭位。（圖 8-61）

圖 8-58

圖 8-59

圖 8-60

圖 8-61

【實戰舉例】

1. 吞身當頭炮

(1)左門對敵。（圖 8-62）

圖 8-62

⑵敵先向我中盤打來，我急向後吞身，閃避來招。（圖8-63）

⑶快速反擊，即發右勢當頭炮，打敵頭部。（圖8-64）

圖 8-63

圖 8-64

圖 8-65

2. 吞身灌耳錘

(1)左門對敵。（圖 8-65）

(2)敵先向我中盤打來，我急向後吞身，閃避來招。（圖 8-66）

(3)快速反擊，即發右勢灌耳錘，打敵耳部。（圖 8-67）

圖 8-66

圖 8-67

3. 吞身反面錘

(1)左門對敵。（圖 8-68）

(2)敵先向我中盤打來，我急向後吞身，閃避來招。（圖 8-69）

(3)快速反擊，即發左勢反面錘，打敵臉門。（圖 8-70）

圖 8-68

圖 8-69

圖 8-70

【要點解析】

1.從此開始，以下幾招是巧打的反擊法。巧打的反擊，主要對付強勁之敵。若難以力勝，必以巧取，即先行閃躲，不與來勁硬拼，避免與其糾纏，見縫插針，伺機奇襲。

2.避招的時機要掌握好，太早敵易變，太晚必挨打，眼睛要看準，身體要靈敏。反擊時要快，即閃即打，後發先至，讓其有來無回。

3.此招專破中位猛勁。見敵招來，急彎腰撤胯，使其落空，然後用拳傷敵上門。反擊要快，不待其變，乘勢發力，一記重拳，轟然而去，中則重傷。從招數上講，是巧打；從勁力上講，是重擊。

圖 8-71

四、蹲身錘

【招法單練】

1. 蹲身反面錘

(1)左門預備。

(2)向下蹲身。（圖8-71）

(3)連動不停。同時左手打出反面錘，位高同禧。（圖8-72）

圖 8-72

2. 蹲身撩陰錘

(1)左門預備。

(2)向下蹲身。（圖 8-73）

(3)連動不停。同時右手打出撩陰錘，位高同襠。（圖 8-74）

【實戰舉例】

1. 蹲身反面錘

(1)左門對敵。（圖 8-75）

(2)敵先向我上盤打來，我急向下蹲身，閃避來招。（圖 8-76）

(3)快速反擊，即發左勢反面錘，砸打敵襠部。（圖 8-77）

圖 8-73

圖 8-74

图 8-75

图 8-76

图 8-77

2. 蹲身撩陰錘

(1)左門對敵。（圖 8-78）

(2)敵先向我上盤打來，我急向下蹲身，閃避來招。（圖 8-79）

(3)快速反擊，即發右勢撩陰錘，掏打敵襠部。（圖 8-80）

圖 8-78

圖 8-79

圖 8-80

【要點解析】

1. 此招專破上位猛勁。見敵勢猛，則原地下勢，蹲身避之，後即用拳速擊敵下部，主打襠部，中則重傷。

2. 此招的閃避不動步幅，只用樁法和身法，動形較小，反擊必快。但對位要準，距離要調整得當，因潛身矮樁，不易連變，必須力求一擊必傷。

五、滾身錘

【招法單練】

1. 滾身反面錘

(1) 左門預備。

(2) 身體向右滾轉。（圖 8-81）

(3) 連動不停。同時左手打出反面錘，位高同肋。（圖 8-82）

圖 8-81

圖 8-82

2. 滾身當頭箭

(1)左門預備。

(2)身體向右滾轉。（圖8-83）

(3)連動不停。同時左手打出當頭箭。（圖8-84）

【實戰舉例】

1. 滾身反面錘

(1)左門對敵。（圖8-85）

(2)敵先向我上盤打來，我急向側滾身，閃避來招。（圖8-86）

(3)快速反擊，即發左勢反面錘，砸打敵軟肋。（圖8-87）

圖 8-83

圖 8-84

圖 8-85

圖 8-86

圖 8-87

2. 滾身當頭箭

（1）左門對敵。（圖8-88）

（2）敵先向我上盤打來，我急向側滾身，閃避來招。（圖8-89）

（3）快速反擊，即發左勢當頭箭，沖打敵頭部。（圖8-90）

圖 8-88

圖 8-89

圖 8-90

【要點解析】

1. 所謂滾身，即利用身樁的滾擰轉側，變動被擊位。一般向裏滾動，不但順勢易變，運用便利，而且比較安全，周身要害皆到側面，不易被擊。

2. 反擊之反面錘，還可以打擊臉門、心門、襠部等，這要根據當時的戰勢動形就近攻擊，儘快攻擊。而例解中的反面錘砸肋，是一種較常用的招法，蓄發便捷，出擊凌厲，更易在滾身中操作。

六、滾身腿

【招法單練】

1. 滾身跥山腿

(1)左門預備。

(2)身體向右滾轉。（圖8-91）

(3)連動不停。同時左腿踢出中位跥山腿。（圖8-92）

圖8-91　　　　　　　　圖8-92

2. 滾身鏟膝腿

(1)左門預備。

(2)身體向右滾轉。（圖8-93）

(3)連動不停。同時左腿踢出鏟膝腿。（圖8-94）

3. 滾身鏢心腿

(1)左門預備。

(2)身體向右滾轉。（圖8-95）

圖8-93

圖8-94

圖8-95

(3)連動不停。同時左腿踢出鏢心腿。（圖 8-96）

【實戰舉例】

1. 滾身跺山腿

(1)左門對敵。（圖 8-97）

(2)敵先向我上盤打來，我急向側滾身，閃避來招。（圖 8-98）

圖 8-96

圖 8-97

圖 8-98

(3)快速反擊，即發左勢跺山腿，踢擊敵中部。（圖8-99）

2. 滾身鏟膝腿

(1)左門對敵。（圖8-100）

圖 8-99

圖 8-100

⑵敵先向我上盤打來，我急向側滾身，閃避來招。
（圖 8–101）

　　⑶快速反擊，即發左勢鏟子腿，踢擊敵膝節。（圖 8–
102）

圖 8–101

圖 8–102

3. 滾身鏢心腿

(1)左門對敵。（圖 8-103）

(2)敵先向我上盤打來，我急向側滾身，閃避來招。（圖 8-104）

(3)快速反擊，即發左勢鏢腿，踢擊敵心窩。（圖 8-105）

圖 8-103

圖 8-104

圖 8-105

【要點解析】

1.滾身是羅漢拳常用的躲避法，滾身幅度應根據敵方來勁的方位、出招的長短、緊逼的程度自行掌握。

2.滾身腿法中，跺山腿最猛最烈，鏢心腿最長最快，鏟膝腿最短最低，要根據搏擊當時的實際戰勢和戰距而隨機應變。

七、仰身腿

【招法單練】

1. 仰身裙裏腿

(1)左門預備。

(2)向後仰身。（圖8-106）

(3)連動不停。同時左腿踢出裙裏腿，位高同襠。（圖8-107）

圖 8-106

圖 8-107

2.仰身尖脛腿

(1)左門預備。

(2)向後仰身。（圖 8-108）

(3)連動不停。同時左腿踢出尖子腿，位高同脛。（圖 8-109）

3.仰身尖陰腿

(1)左門預備。

(2)向後仰身。（圖 8-110）

圖 8-108

圖 8-109

圖 8-110

（3）連動不停。同時左腿踢出尖子腿，位高同襠。（圖8-111）

4. 仰身釘肋腿

（1）左門預備。

（2）向後仰身。（圖8-112）

（3）連動不停。同時左腿踢出釘子腿，位高同肋。（圖8-113）

圖8-111

圖8-112　　　　　圖8-113

【實戰舉例】

1. 仰身裙裏腿

(1) 左門對敵。（圖 8-114）

(2) 敵先向我上盤打來，我急向後仰身，閃避來招。（圖 8-115）

(3) 快速反擊，即發左勢裙裏腿，踢擊敵襠部。（圖 8-116）

圖 8-114

圖 8-115

圖 8-116

2.仰身尖脛腿

(1)左門對敵。（圖
8-117）

(2)敵先向我上盤打
來，我急向後仰身，閃
避來招。（圖8-118）

(3)快速反擊，即發
左勢尖子腿，踢擊敵腿
迎面骨。（圖8-119）

圖 8-117

圖 8-118

圖 8-119

3. 仰身尖陰腿

(1)左門對敵。（圖
8-120）

(2)敵先向我上盤打
來，我急向後仰身，閃
避來招。（圖8-121）

(3)快速反擊，即發
左勢尖子腿，踢擊敵襠
部。（圖8-122）

圖 8-120

圖 8-121

圖 8-122

4. 仰身釘肋腿

(1)左門對敵。（圖
8-123）

(2)敵先向我上盤打
來，我急向後仰身，閃
避來招。（圖8-124）

(3)快速反擊，即發
左勢釘子腿，踢擊敵軟
肋。（圖8-125）

圖 8-123

圖 8-124

圖 8-125

【要點解析】

1. 仰身主破上門來招，其反擊時因是正勢動身，必用腿擊。

2. 向後正仰，後移重心，是為躲招，而實為蓄勢，正好送腿展踢。輕鬆閃開，順便一腳，不多費力，不多費時，而收效快，殺傷重，何其巧妙。

八、閃步錘

【招法單練】

1. 閃步當頭箭

(1)左門預備。

(2)左腿向左側前進一步。（圖 8-126）

(3)連動不停。右腿向左側跟一步，同時左手打出當頭箭。（圖 8-127）

圖 8-126

圖 8-127

2.閃步反面捶

(1)左門預備。

(2)左腿向左側前進一步。（圖 8-128）

(3)連動不停。右腿向左側跟一步，同時左手打出反面錘，位高同肋。（圖 8-129）

3.閃步當頭炮

(1)左門預備。

(2)右腿向右側前上一步。（圖 8-130）

(3)連動不停。同時右手打出當頭炮。（圖 8-131）

圖 8-128

圖 8-129

圖 8-130

圖 8-131

【實戰應用】

1. 閃步當頭箭

(1)左門對敵。（圖
8-132）

(2)敵先向我猛勁打
來，我先向側進閃步躲
避。（圖 8-133）

(3)快速反擊，即發
左勢當頭箭，快打敵耳
門。（圖 8-134）

圖 8-132

圖 8-133

圖 8-134

2. 閃步反面錘

(1)左門對敵。（圖 8-135）

(2)敵先向我猛勁打來，我先向側進閃步躲避。（圖 8-136）

(3)快速反擊，即發左勢反面捶，快打敵軟肋。（圖 8-137）

圖 8-135

圖 8-136

圖 8-137

3. 閃步當頭炮

(1)左門對敵。（圖8–138）

(2)敵先向我猛勁打來，我先向側上閃步躲避。（圖8–139）

圖 8–138

圖 8–139

圖 8-140

(3)快速反擊，即發右勢當頭炮，快打敵耳門。（圖 8-140）

【要點解析】

1.閃步錘可用以反擊，如上舉例，利用步法，大幅閃讓，見機速擊，移動的同時，完成對敵招的化解和目標的捕捉及殺傷。一般向敵外側動步，武諺講：「力小走邊門。」若向後閃步，雖然安全，但不易快速反擊。

2.閃步錘也可用作主攻。主攻時，面對強敵，難以正門突進，則利用閃步，因人向側不易發力，避開敵正向，迂回敵身外，襲擊其側翼。另外，從邊門進攻，一旦失手，也便於躲避。

導引養生功 系列叢書

◎ 1. 疏筋壯骨功
◎ 2. 導引保健功
◎ 3. 頤身九段錦
◎ 4. 九九還童功
◎ 5. 舒心平血功
◎ 6. 益氣養肺功
◎ 7. 養生太極扇
◎ 8. 養生太極棒
◎ 9. 導引養生形體詩韻
◎ 10. 四十九式經絡動功

張廣德養生著作

每冊定價 350 元

全系列為彩色圖解附教學光碟

彩色圖解太極武術

1 太極功夫扇

定價220元

2 武當太極劍

定價220元

3 楊式太極劍

定價220元

4 楊式太極刀

定價220元

5 二十四式太極拳+VCD

定價350元

6 三十二式太極劍+VCD

定價350元

7 四十二式太極劍+VCD

定價350元

8 四十二式太極拳+VCD

定價350元

9 楊式十六式太極劍拳

定價350元

10 楊氏二十八式太極拳+VCD

定價350元

11 楊式太極拳四十式+VCD

定價350元

12 陳式太極拳五十六式+VCD

定價350元

13 吳式太極拳五十六式+VCD

定價350元

14 精簡陳式太極拳八式十六式

定價220元

15 精簡吳式太極拳三十六式 拳架·推手

定價220元

16 夕陽美功夫扇

定價220元

17 綜合四十八式太極拳+VCD

定價350元

18 三十二式太極拳 四段

定價220元

19 楊式三十七式太極拳+VCD

定價350元

20 楊氏五十一式太極劍+VCD

定價350元

古今養生保健法　強身健體增加身體免疫力

養生保健 系列叢書

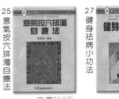

大展好書　好書大展
品嘗好書　冠群可期